ODIN: Der einä[...] und Götter. Ein[...] aber gerecht. N[...] man nicht störe[...]

UDGARDLOKI: Eine furchterregende Erscheinung aus Udgard. Der König der Riesen, der nie eine Chance versäumt, Thor auszutricksen. Trotz seines Sinns für Humor sollte man ihm nicht über den Weg trauen.

QUARK: Ein kleines, liebes Ungeheuer aus Udgard, dem Reich der Monster und Riesen. Ein lustiger Zwergriese mit viel Unsinn im Kopf – flink wie ein Kobold, stärker als Pippi Langstrumpf, ebenso frech und liebenswert wie unwahrscheinlich gefräßig. In den Augen der Götter ein kleines Ungeheuer, aber für die Kinder Roskva und Tjelfe ein treuer Freund.

Bei den Menschenkindern

Am Ende des Regenbogens

*Was Tjelfe und Roskva
in W*ALHALLA *erleben*

Abenteuer mit Quark

Das Baumhaus

Bei den Riesen

Rolf Ulrici
Walhalla

*Das Land der Götter,
der Menschen und der Monster*

Lentz

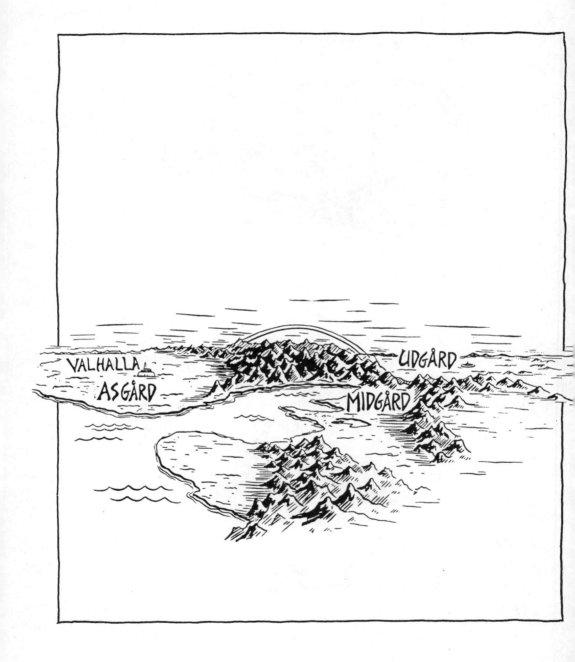

Euer Freund QUARK, *der riesigste Spaßmacher aller Zwergriesen, hat mir mit Händen und Füßen die tollste Geschichte der Welt auf den Kopf geklopft. Ich soll sie euch erzählen. Sie heißt*

und sie beginnt mit dem Kapitel

Bei den Menschenkindern

Zu Quarks Zeiten (als Quark noch quarkiger war als quarkig), gab es irgendwo drei bewohnte Reiche:

AsGARD, das Reich der Götter mit der goldenen Burg Walhalla,
MIDGARD, das Reich der Menschen,
UDGARD, das Reich der Riesen, Zwerge, Trolle, Kobolde, Rullepucker, Feuergeister und anderer Monster.

Ab und zu begegneten sich die Bewohner dieser drei Reiche. Dann gab es Rabatz, Klamauk, Zirkus oder Wirrwarr. Kurz, dann war was los!
Zwei krächzende Raben segelten als fliegende Zeitungen über die Wälder von Midgard hin, um den Menschen Rabatz zu verkünden: »Kratz, Kratz, Rabatz«, lachten sie heiser, »Kratz, Kratz, Rabatz...«, denn die Raben freuten sich immer, wenn es spannend wurde.

Im einsamen Holzfällerhaus ahnte die Mutter nichts Gutes.

»Es gibt Sturm, lieber Mann«, meinte sie. »Mein lieber Mann!«

»Au, au, Frau«, sagte der Vater. Vorsorglich machte er ein Feuer im Kamin. »Wo sind die Kinder?« fragte er.

»Roskva treibt die Hühner in der Stall«, antwortete die Mutter. »Roskva ist ein praktisches Mädchen. Aber, ach, der Junge...!« Sie schaute durch die offene Tür ins Freie: »Tjelfe hackt Holz auf dem Hauklotz, obwohl schon genug Holz im Hause ist. Er will aber nur wissen, warum die Raben so ächzen und krächzen. Tjelfe, Tjelfe, komm herein! Du wirst dich erkälten!«

Tjelfe streckte der Mutter die Zunge heraus und machte »Bääähhh...«, was wenig nett von ihm war. Er wollte angeben und seiner Schwester Roskva beweisen, daß er ein mutiger Bursche war und einen Sturm nicht fürchtete. Mit seiner kleinen Axt spaltete er weiter unnütz Brennholz. Neben ihm saß der Hund, der keinen Namen hatte, aber so aussah, als hieße er »Ulk« oder »Knautschohr« oder »Matschmaul«.

Zack! Ein Stück Holz flog dem armen Hund auf die Nase, weil Tjelfe nicht aufgepaßt und den Raben nachgeblickt hatte.

»Auaaaaaaa...«, heulte schmerzlich der Hund.
»So schlimm war's wohl nicht«, sagte Tjelfe frech.
Der Hund schniefte. Er roch das Unwetter. Seine Augen rollten wie Murmeln. Er krümmte sich und steckte den Kopf zwischen die Beine.
Schon fielen die ersten Regentropfen.
Tjeeelfeee...!!!« rief die Mutter.
»Waaauuuiii...!!!« ängstigte sich der Hund.
»Halt die Schnauze, Köter«, murrte Tjelfe.
»Nun aber Schluß!« rief die Mutter. »Merkst du nicht, daß es regnet? Sei endlich mal so folgsam wie deine Schwester Roskva. Komm sofort ins Haus!«
Krrrrrachchch...!!!!!
Wwwummm...!!!!!!!!!!!
Was war das...??????????????????????????????
Es blitzte.
Es donnerte.
Es blitzte *und* donnerte...
Die schwarzen Vögel waren längst entflohen...
Oh, Rabe! Oh, Knabe! Oh, Hund! Oh, Stund'! Ein Gewitter nahte. Es kam mit dem Lärm, den heute hundert Flugzeuge machen würden. Und das – ihr ahnt es schon – war kein normales Gewitter!
Tjelfe hieb die Axt in den Hauklotz und starrte entgeistert

zum Himmel. Platsch – traf ihn ein birnengroßer Regentropfen.
In dem Tosen und Brausen des Gewitters ging die Stimme der Mutter unter:
»Tjeeeeeelfeeeeee... Wie oft muß ich dir noch sagen, du sollst hereinkommen?! Deine Schwester Roskva ist vernünftig. Sie füttert die Kuh. Und was machst duuuuu...?«
»Muh!« erwiderte Tjelfe unverschämt. Aber dann hieb er doch die Axt in den Hauklotz. »Feierabend«, verkündete er großspurig. »Mädchen sind nicht vernünftig, sie haben bloß Angst. Roskva verkriecht sich –«
Weiter kam er nicht.
Blitz... Blitz...!!!!!!!!!!!!!!!!!!!!!!!!!!!!!
Es war so hell, als sei Tjelfe der Vollmond auf den Kopf gefallen.
»Waaaaauuuuuuuiiiiii...!!!« heulte der Hund. Er stupste Tjelfe, so daß der Junge auf dem Hunderücken landete, und rannte mit ihm auf das Haus zu.
Oh, Haus! Oh, Graus! Oh, Saus und Braus!
Aus dem Reich der Götter, dem goldenen WALHALLA, kam der Donnergott persönlich durch die Lüfte. Er wollte den Menschen wieder einmal zeigen, was ein Hammer ist. Der Donnergott hieß Thor.

Wenn er meinte, es sei Donnerstag, Thorstag, sein Tag, machte er Terror, Randale, Krawall und Krawumm. Dann fuhr er auf seinem Donnerwagen umher und schwang seinen blitzenden und donnernden Donnerhammer.
Zisch... Bomm...
Zisch... Bomm...
Er schlug die Wolken zusammen und ließ sie mit Getöse platzen. Er machte Regen, Hagel und Schnee – und alles zusammen. Und nicht zu knapp! Das gehörte zu seinem Beruf, denn er war ja kein Wetter*frosch*, sondern ein Wetter*gott:* Der Weltmeister im Krachmachen.
Wie geblendet stand Tjelfe vor dem einsamen Elternhaus und zwinkerte mit den Augenlidern, während der Hund

vor Schrecken platt wie ein Eierkuchen neben ihm lag. Tjelfes Schwester Roskva kam beherzt heraus und warf sich tröstend über den Hund.
Dann verharrte auch sie bei ihrem staunenden Bruder und zwinkerte in die gleißenden Kugelblitze.
Rrrrrrummms...!!!
Da holten die Eltern beide Kinder ins Haus und schlossen die Tür. Der Hund hielt eine Vorderpfote vor die Augen und humpelte auf drei Beinen in seine Hundehütte. Dort machte er sich klein wie eine Maus.
Inzwischen sauste der Donnergott Thor mit seinem Donnerwagen über den Bäumen herum. Er suchte eine Landepiste für seine komische Karre.
Kinder, ihr werdet euch schieflachen!
Ja, das müßt ihr euch mal vorstellen!
Da hatte dieser flegelhafte Bursche nichts anderes zu tun, als zu donnern – und davon wurde er auch noch müde, wie von ehrlicher Schularbeit!
Und hungrig, als hätte er etwas Nützliches getan!
Freund QUARK (den ihr auch bald kennenlernen werdet), sitzt auf meinem Schreibtisch und nickt: Ja, das war so!
Und er bläst es mir in die Ohren, wie es genau war:

Der Donnerwagen des Donnergottes wurde von zwei Donnerziegen gezogen. Donnernd krachten ihre riesigen Ziegenzähne aufeinander, und ihre Ziegenfüße polterten donnernd über hopplige Wolkenstraßen. Donnernd drehten sich die Räder, donnernd rüttelten die Bretter des Wagens.
Donnernd schwang Thor seinen blitzenden Hammer, donnernd brüllte sein Mund aus dem roten Bart:
»Das gefällt mir sooo, hohooo...! Das gefällt mir sooo, hohooo...«
Freudige Blitze sprühten aus seinen gewaltigen Augen und die der lachenden Ziegen blitzten prächtig glutrot...
Mit auf dem Wagen des kraftstrotzenden Thor-Donnergottes saß ein vornehmer Herr in einer Art Königsmantel. Das war Loki, Thors Untergott und ständiger Begleiter. Loki, der Gott der Spitzbuben, der List, des Schalks, der Neckerei und des oberfaulen Zaubers.
Gott Loki donnerte nicht, weil List nie donnert, sondern hinterrücks mitfährt.
»Da unten ist ein Haus!« rief Loki, dem Thors Regen nicht schmeckte.
Und er deutete mit schlanker Hand auf Tjelfes und Roskvas Elternhaus. Der feine Gott Loki wäre lieber in eine Götterburg gegangen, während dem weniger emp-

findlichen Donnergott Thor ein Lagerplatz mit Feuerstelle genügt hätte.

»Dort, in dem Haus«, rief Loki, »da können wir essen, uns wärmen und übernachten!«

»*Ich* bestimme, wo wir einkehren!« donnerte Thor. »Du knabberst so lange an deiner spitzen Zunge!«

Doch er lenkte ein und landete seinen Donnerwagen in dem Tal, in dem das Haus von Tjelfes und Roskvas Eltern stand.

Drinnen, hinter der geschlossenen Tür, lauschten Eltern und Kinder in der vom Kaminfeuer erhellten Diele.

»Ruhig, ruhig«, mahnte der Vater, den Arm um die Mutter legend. Die Mutter hielt Tjelfe und Roskva schützend an sich gepreßt.

Sie starrten auf die geschlossene Tür.

Draußen polterte es mächtig. Man hörte auch ein Zischen wie von Dampfmaschinen: Das waren aber Thors Ziegen, die ihren feurigen Atem durch die Nüstern bliesen.

»Hohooo...!« ertönte eine fröhlich donnernde Stimme. Tjelfe wisperte aufgeregt:

»Das ist Thor! Ja! Ehrlich: Der Donnergott selber! Ich habe seinen Bart blitzen sehen! Vor allem seinen riesigen Hammer!«

»Spinnst du?« fragte Roskva.

»Neinnn...!« versicherte Tjelfe. »Er ist ein herrlicher, großer Mann!«
»Du bist auch herrlich!« spottete die Schwester. »Aber ein Angsthase, wenn's drauf an kommt.«
»Still!« befahl die Mutter.
Alle starrten auf die Tür.
Wumm...! Wumm... Wumm...! pochte es von außen an das starke Holz – und Blitze zuckten durch die Ritzen. Lauter klitzekleine, blitzefeine Blitzeleinchen, als hätte die Tür einen silberblinkenden Rahmen bekommen.
»Aaaaaaahhhhhh......!!!!!!« staunten die Kinder.
Peng!
Die Tür sprang auf, wie von Geisterhand bewegt.
Im Rahmen stand ein majestätischer Schatten. Doch es war nicht Thor mit dem Hammer, der jetzt aus dem Dunkel in die helle Diele trat. Thor war draußen noch

beschäftigt, den Donnerwagen einzuparken. Sein Begleiter, Loki, Gott des Schalkes und der List, spielte den Quartiermacher und Vorboten.
Artig verbeugte er sich vor Vater, Mutter, Tjelfe und Roskva – und sogar vor der Kuh, die aus dem Stall um die Ecke lugte. Hoheitsvoll sprach er:
»Guten Abend, liebe Leute!«
Das klang sehr, sehr freundlich, beinahe wie geschmiert. Der Gott Loki war ein königlicher Herr und Stiefellecker. Sein Lächeln war schmeichlerisch, er trug einen echten lackschwarzen Meckerbart, die falschen weißen Zähne strahlten. Er mußte kürzlich beim Friseur gewesen sein, denn seine Haare waren wunderschön gewellt.
»Ich bin der erlauchte Gott Loki aus Walhalla«, erklärte er ölig, während seine Schlitzaugen gleichfalls ölig glänzten. Und er neigte sich in seinem modischen Umhang, als seien auch seine Gelenke geölt: »Ich habe die Ehre, euch anzukündigen den:
Gott Thor, erhabenen und erdonnerten Gebieter des Hammers aus Walhalla in Asgard, den größten Jäger im Reiche Midgard und tapfersten Kämpfer gegen die Riesen in Udgard...«
So sprach Loki. Aber da stapfte Thor zur Tür herein und rief:

»Quatsch keine Bandwürmer!« Er stieß den geschwätzigen Loki beiseite und polterte blitzend in die Diele.
Tjelfe, der vorhin so angegeben hatte, verbarg sich hinter einem Balken. Seine Schwester Roskva harrte tapfer bei den verstummten Eltern aus. Sprachlos starrte sie zu dem gewaltigen Gott empor, der wie ein siegreicher Sportler aussah. Er trug das ringförmige Zeichen der Götter von WALHALLA am Gürtel.
»Wir brauchen ein Feuer zum Braten«, sagte Thor, den Hammer an den Leibriemen hängend. »Auch eine Schlafstelle wäre nicht schlecht...«
Thors Stimme grollte jetzt friedlich, und die mächtigen Zähne lächelten menschenfreundlich aus seinem roten Bart. Er gefiel Tjelfe so sehr, daß er alle Furcht vergaß und hinter dem Balken hervorkam.
Der Donnergott tätschelte die Köpfe der Kinder mit seinen Donnerhänden:

Sprachlos starrten die Eltern, Roskva und Tjelfe zu dem gewaltigen Gott Thor empor.

*In der Tiefe des Brunnens knirschte Loki mit den Zähnen:
»Hol mich heraus! Ich will raus!« – Doch Quark ließ ihn zappeln.*

»Tjelfe und Roskva, he? Gut! Prächtige Brut!«
Die Mutter lachte erfreut. Aber der Vater seufzte tief und sagte:
»Herr Donnergott Thor aus WALHALLA... Und du, Herr Loki, Untergott der ehrenwerten Hinterhältigkeit! Wir sind arme Leute. Schlafstellen im Heu können wir bieten, aber sonst nur hartes Brot und dünne Suppe!«
»Keine Götterspeise«, ergänzte die Mutter.
Thor lachte:
»Ich brauche nur ein tüchtiges Feuer. Den Braten habe ich mit!« Und er holte eine der beiden Ziegen herein, die den Donnerwagen gezogen hatten. »*Das* ist der Braten, Leute! Hängen wir ihn ins Feuer! Zu dem Festschmaus lade ich euch ein!«
Die Ziege nickte grinsend. Und sie nickte zweimal, als der Donnergott fortfuhr: »Sie schmeckt, sage ich euch! Sie schmeckt nach allen Leckerbissen WALHALLAS...!!!«
Vor Schreck lief das Mädchen Roskva in den Stall. Sie setzte sich unter die gemütlich kauende Kuh ins Stroh und jammerte:
»Wie kann der Donnergott so gemein sein, ein treues Zugtier zu fressen? Pfui! Da leg' ich lieber meine Tränen in Eis und esse sie als Salzbonbons!«
Roskva wußte nicht, daß Thor einen Riesenspaß vor-

hatte: Er konnte jede aufgegessene Ziege wieder lebendig machen. Deshalb war ihm das Tier auch so willig gefolgt, es kannte diese Art von Götterscherzen. Es war die Einbildung, die alle satt machen sollte, eine Schau – und nichts anderes.
Roskvas Bruder Tjelfe aber blickte bewundernd zu dem Donnergott empor. Ehrfürchtig fragte er:
»Bist du wirklich der mächtige Thor?«
»Schnuppere mal an meinem Hammer«, lachte der Donnergott. »Da ist Saft drin, Tjelfe!«
Tjelfe rannte aufgeregt in den Stall:
»Roskva, Roskva, wo bist du?« Er sah seine Schwester unter der friedlich mampfenden Kuh im Stroh kauern. Roskva sagte:

»Es ist nicht gerade nett, seine treue Ziege zu fressen.«
»Thor weiß, was er tut«, erklärte Tjelfe wichtig.
»Schließlich ist er ein Gott. Er beschützt uns vor schrecklichen Zwergen und Riesen aus dem Reiche Udgard. Er ist ein Jäger, ein Kämpfer, ein Held...« Voller Eifer reckte Tjelfe das Kinn und wölbte die Brust, wie er es bei Thor gesehen hatte. Er spreizte die Beine, stemmte die Fäuste in die Hüften und versuchte, mit den Augen zu blitzen.
»Hihi!« kicherte Roskva.
»Was heißt ›hihi‹?« rief der Bruder erbost. »Ich will auch so werden wie Thor...!« Und er nahm einen Hütestab, schwenkte ihn wie ein Schwert durch die Luft und drang auf die erschrockenen Hühner ein, als seien sie Riesen.
»Ho, hu, haaa...!« drohte er dem gackernden Geflügel.
»Fürchtet euch, ihr Riesen! Jetzt kommt Tjelfe, um euch zu besiegen! Denn Tjelfe ist ein Jäger WALHALLAS, ein Streiter, ein Kämpfer, ein Held...!!!«
Da lachte Roskva. Sie lachte Lachtränen und Lachfalten. Sie wälzte sich vor Vergnügen im Stroh. Sie streckte den Arm aus, zeigte auf Tjelfe und rief:
»Du... ein Jäger? Hahaha, hehehe, hihihi, hohoho, huhuhu...! Du... ein Streiter, ein Kämpfer, ein Held...???«
Roskva stand vor Lachen kopf.

Tjelfe tobte aber weiter. Er ließ seinen Stecken über der Kuh kreisen und schrie: »Ungeheuer von Udgard, jetzt kriegst du mein Schwert zu spüren!« Und er tippte auf das weiche Maul der Kuh.
Die Kuh machte nur verächtlich »Muuuhhh...« und wandte sich einem Bündel Heu zu.
Ehe sich die Geschwister streiten konnten, rief Thor mit freundlicher Donnerstimme:
»Kinder, kommt her! Es gibt Braten...!!!«
Die Mutter hatte inzwischen den großen Holztisch abgewischt. Und der Vater stach sein letztes Bierfäßchen an und ließ das schäumende Naß in die Krüge laufen.
Oh, WALHALLA...!!!
Was für köstliche Bratenstücke lagen auf der Platte!
Wie dufteten sie so appetitlich!
Die Mutter lachte fröhlich. Der Vater kämmte schmunzelnd seine Glatze mit den Fingern: »Ja, Kinder«, sagte er. »Nun können wir uns einmal satt essen. Setzt euch auf die Wandbank neben den ehrenwerten Herrn Untergott Loki.«
»Hört, Tjelfe und Roskva«, grollte Thor einladend. »Greift zu und füllt euch die Mägen. Aaaaaaber...« Er hob mahnend die Hand:
»Die Ziege wird morgen früh nur *dann* wieder munter,

wenn ihr jedes abgenagte Knöchlein säuberlich auf das Ziegenfell zu meinen Füßen werft! Fehlt nur *ein* Stück Knochen, ist die Ziege nicht mehr zu gebrauchen! Ist das klar???«

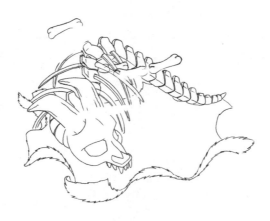

»Klar...«, versicherten Bruder und Schwester. Die Eltern nickten ernst.

Der feine Gott Loki machte Schlitzaugen und zog die Brauen hoch, daß sie wie Rabenflügel auf seiner Stirn flatterten. Er langweilte sich und grübelte, wie er den Donnergott und alle anderen ärgern könnte. Vorläufig fiel ihm aber nichts ein, denn Thor schmatzte an einem Bratenstück herum. Auch die Eltern kauten und schluckten. Eine so köstliche Mahlzeit hatte es in ihrer armen Hütte noch nie gegeben.

Tjelfe langte kräftig zu. Selbst Roskva schmeckte es, weil sie nun begriff, daß das ein Trick war – und daß sie nicht die Ziege aßen, sondern eigentlich nur einen saftigen WALHALLA-Zauberbraten.
Der Donnergott Thor warf seine abgenagten Ziegenknochen auf das Ziegenfell. Und alle taten es ihm nach. Ping, ping, ping ... fielen die Knöchlein aufeinander.

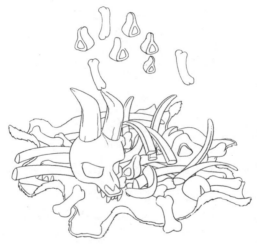

»Mit Musik geht alles besser ...!« lachte Thor, als er die letzte Portion verschlungen hatte. Er gurgelte mit Bier und strich sich den Götterbauch. Dann stieß er aus der Tiefe seines Magens donnernd auf, lehnte sich behaglich zurück und berichtete von seinem Kampf mit der Midgard-Schlange, die die sieben Meere beherrschte.

Eltern und Kinder machten große Augen. Noch nie hatten sie ein Meer gesehen – geschweige denn alle sieben Meere. Und die Midgard-Schlange, die so groß war wie alle Bäume auf Erden aneinander gelegt, kannten sie nur vom Hörensagen.

Thor trank noch mehr Bier und prahlte von seinen Heldentaten, als säße er im Wirtshaus am Stammtisch: »Einmal fuhr ich mit einem Boot, um die Midgard-Schlange zu fangen. Der Riese Hymer war bei mir. Aber, ihr Leute, ihr glaubt es nicht: Als die Schlange auftauchte, sah ich, daß das Boot zu klein war gegen das Ungeheuer! Ja, das Boot war nicht größer als der Zahn der Midgard-Schlange!«

Die Mutter hielt erschrocken die Hand vor den Mund.

Der Vater machte Augen wie Hühnereier.

Roskva drückte ihre Lappen-Puppe an sich.

Tjelfe aber staunte so angestrengt, daß er ganz weiß im Gesicht war.

»Ich hätte die Schlange gefangen!« grollte Thor, sich das Biermaul wischend, »aber der Riese Hymer, dieser tückische Feigling, zerschnitt die baumstammdicke Angelschnur!«

Und so prahlte und prahlte der Donnergott weiter.

Sein Begleiter, Gott Loki, gähnte und gähnte.

Er kannte Thors Geschichten. Auch war er neidisch, weil er nicht mit der Schlange gerungen hatte. Und plötzlich kam ihm die Idee zu einem Streich.
Tjelfe hatte als letzter an einem Ziegenknochen genagt und wollte ihn nun zu den übrigen werfen. Da flüsterte ihm Loki ölig ins Ohr:
»Ei, ei! Wer wird denn den Knochen wegwerfen, ohne das Mark ausgelutscht zu haben? Das ist die reinste Kraftbrühe, sage ich dir! Nun, willst du den Knochen nicht zerbrechen, um das Mark herauszuschlürfen?«
»Aber Thor hat verboten, Knochen kaputtzumachen!« wandte Tjelfe ein. »Wenn ich das tue, kann die Ziege morgen früh nicht aufstehen!«
»Aber, mein Junge, mein Goldstück!« schmeichelte Loki, der ja auch der Gott der Anstifter und des Ärgers war. »Thor hat nicht verboten, Mark aus den Knöchlein zu schlürfen. Oder... bist du etwa ein Feigling...???«
Ein Feigling!
Oh, das hatte Loki listig angestellt!
Ein Feigling wollte Tjelfe niemals sein.
Und so zog Tjelfe sein tapferstes Gesicht, brach den Knochen und sog das Mark heraus.
Loki lächelte so ölig, als habe er ein öliges Vollbad genommen. Sein böser Plan war geglückt! *Ein* Knochen

der Ziege war nicht mehr brauchbar. Da würde der Donnergott am nächsten Morgen schön aus der Wäsche gucken.
Und Loki rieb sich unter dem Tisch die Hände.
Niemand bemerkte, wie Tjelfe den ausgelutschten Knochen – vielmehr dessen zwei zerbrochene Hälften – in die Tasche steckte.
Alle lauschten Thors Geschichten.
Dann aber gähnte der Donnergott donnernd, raffte das Ziegenfell mit den Knochen zusammen und gähnte wie eine Schlucht:
»Gehen wir schlafen, Leute. Es war ein schwerer Donnerstag. Ich bin müde vom Donnern und Blitzen, müde vom Essen, müde vom Bier...« Und er nahm sein Bündel, legte sich ins Stroh und begann zu schnarchen, daß die Hütte bebte.
Auch die Eltern und die Kinder waren müde von den Aufregungen dieses Tages. Sie suchten ihre Schlafstellen auf und fielen in tiefen Schlummer.
Nur Loki lag tückisch lächelnd wach und freute sich auf das Donnerwetter, das es am Morgen geben würde.
Still lag das Haus im einsamen Tal.
Der Mond beschien das Dach und die Hundehütte, in der der Hund versteckt lag. Der Hund war der Klügste

gewesen. Er hatte sich nicht ein einziges Mal gezeigt. Auf zwei hohen Bäumen aber saßen die großen, schwarzen Raben, fliegende Post und fliegende Zeitung zugleich. Ihre Augen konnten durch das Dach sehen. Natürlich hatten sie beobachtet, daß in der Ziegenknochen-Sammlung *ein* Knochen fehlte.
Und besorgt – aber auch ein wenig schadenfroh – krächzten sie sich zu:
»Krah, krah: Ein Knochen, der ist zerbrochen...«
»Dann steht Thors Ziege nicht wieder auf...«
»Und schlimmes Unheil nimmt seinen Lauf...«
»Krah, krah, krah, krah...«
Und mit ihren mächtigen, nächtigen Flügeln starteten die Raben nach WALHALLA...

Also, bevor ich weiter erzähle, muß ich unbedingt etwas einfügen. Habt Geduld! Schon zu Anfang war von eurem Freund QUARK die Rede, obwohl ihr ihn ja überhaupt noch nicht kennt! QUARK, der kleinste Riese der Welt – aber auch der größte Spaßmacher der Welt, wartet im folgenden Kapitel auf euch.
Inzwischen macht QUARK Quatsch.
Er hat eben versucht, auf meiner Schreibmaschine zu schreiben. Und das sah so aus:

»*Quarkie schreibi vommm Dofigott Tor uhnd vommm Spitzi-Bubi-Gott Lokus uhnd vommm Tjelfe uhnd seiner Schwester Roskva uhnd von Wallhallalalala, la, la, la...*«

Nein, so geht das nicht, hab' ich ihm klar gemacht. QUARK soll mir lieber ins Ohr grunzen, wie's weitergeht. Und ich tippe für euch das Abenteuer:

Am Ende des Regenbogens

Langsam erwachen alle in Tjelfes und Roskvas Elternhaus.
Der Morgen ist da.
Alle haben ausgeschlafen. Der Donnergott Thor erhob sich zeitig und ging mit dem gebündelten Ziegenfell hinaus, um das Zugtier wieder auf die Knochen zu stellen und neben dem anderen vor den Donnerwagen zu spannen.
Der schurkische Gott Loki grinste sich eins. Er wußte ja, daß Thor Pech haben würde: Ohne den kaputten Knochen, den Tjelfe in der Tasche trug, konnte nichts gelingen. So sehr der Donnergott sich auch bemühen würde...

Thor legte das Ziegenfell auf die grüne Wiese.
Er betrachtete die Ziegenknochen darauf – und schmunzelte in seinen roten Bart. Dann warf er seinen blitzenden Hammer in die Luft und ließ ihn über dem Ziegenfell kreisen. Fröhlich sang er:
»Fliege, Hammer, fliege!
Erwecke meine Ziege...!!!«
Der Hammer sauste wie ein Propeller über dem Fell und sandte belebende Silberstrahlen herab. Klipp, klapp, klingelingeling... Die Knochen machten Musik, setzten sich rasch zusammen, der Körper kam durch Spuk hinzu, das Fell stülpte sich darüber. Und –

– fertig war die Ziege!

Der Donnergott lachte. Er fing seinen Hammer wieder ein. Und er meinte, die Ziege würde nun auch lachen. Nach solchen Späßen stimmte sie nämlich immer ein meckerndes Gelächter an.
Aber... nanu...???
Die Ziege lachte diesmal nicht! Wohl stand sie da in ihrer WALHALLA-Pracht. Ihre Augen leuchteten goldgelb, und in schwarzweißem Glanz erschimmerte ihr Fell. Doch, wie gesagt, sie begrüßte Thor nicht mit einem froh-meckernden Morgengruß.
Sie schrie! Sie schrie vor Wut!
Sie knirschte mit den Ziegenzähnen und wackelte mit den Ziegenhörnern und schlackerte mit den Ziegenohren und schwankte und wankte mit dem ganzen Ziegenkörper.
Und ihre Ziegenstimme schrie:
»Ääääääähhh... Autsch...!!!«
Da sah Thor, daß die Ziege schief stand.
Ihr linkes Vorderbein war zu kurz!
(Denn Tjelfe trug ein kaputtes Knochenstück in der Tasche, das zu dem Vorderbein gehörte!)
Wie verdonnert blickte der Donnergott auf seine schiefe Ziege. Dann begriff er:
Gegen seinen Befehl hatte jemand gestern abend *einen* Knochen *nicht* zu den übrigen geworfen. Die Ziege war

zwar lebendig, aber sie stand da, wie ein Wagen, dem das linke Vorderrad geborsten ist!!! Sooo konnte sie nie und nimmer neben dem anderen Zugtier vor den Donnerkarren gespannt werden!
Oh, Schimpf! Oh, Schande!
Wer hatte Thor diesen Streich gespielt...??????
Der Donnergott wandte sich dem Hause zu. Seine Augen weiteten sich zu Suppentellern, seine Zähne blitzten wolkenweiß aus dem wutroten Bart. Und in einem Tobsuchtsanfall, der die Bäume erbleichen ließ, brüllte er:
»Alle Mann – raus aus dem Haus! Raus aus dem Haus! Raus aus dem Haus......!!!!!!«
Verschreckt erschienen die Geschwister Tjelfe und Roskva mit ihren Eltern vor der Tür. Sie starrten stumm auf den rasenden Thor und seine Ziege mit dem kurzen Bein.
Der Donnergott deutete mit ausgestrecktem Zeigefinger auf das verkürzte Glied:
»Wer war das......??????«
»Ich«, schluckte Tjelfe.
»Waaaaaas...???« brüllte Thor.

»Ich habe das köstliche Mark aus einem Knochen geschlürft«, bekannte Tjelfe bibbernd. »Aber ich habe es nicht heimlich getan. Auch nicht von selbst. Es war Loki, der mich dazu aufgefordert hat. Loki hat –«
Thors Ohren klirrten so sehr von seinem eigenen Gebrüll, daß er nicht richtig hinhörte. Und schon kam mit flatterndem Umhang der feine Herr Loki gelaufen. Schnell unterbrach er Tjelfes Rede und setzte sein falschestes Schurkenlächeln auf.
»Nicht so strenge, großer Thor! Ein Junge ist ein Junge! Wer wird ihm denn ein Späßchen übelnehmen? Ich mache einen Vorschlag: Tjelfe kommt mit uns nach WALHALLA. Dort kann er dir dienlich sein und den Ärger wieder gutmachen!«
»Na, ja – ich weiß nicht...«, grollte Thor, während Tjelfe die Knochenstücke hervorholte. »Ich weiß nicht...« Er setzte der Ziege das Fehlende ein und sah, daß sie begeistert zu grinsen begann.
»Ist sie wieder okay?« fragte Tjelfes Schwester mitfühlend.
»Ja, ja«, brummte der Donnergott. Sein Zorn war noch nicht verraucht.
Inzwischen bemühte sich der Schurke Loki weiter, darüber hinwegzutäuschen, daß ja eigentlich *er* der Übeltäter

war. Er hatte Tjelfe verführt, gegen Thors Befehl zu verstoßen, nur, um Unfrieden zu stiften. Jetzt spielte er den Gütigen. Und nicht nur das: Er spuckte große Töne, Tjelfe den Götterdienst in WALHALLA schmackhaft zu machen:
»Was für eine Chance für dich, junger Mann«, säuselte er auf den Jungen ein. »Diener des Donnergotts! Ha, ist das nichts? Du wirst in WALHALLA bei ihm sein, bei ihm, dem Mächtigsten, Beherrscher der Erde, Besieger der Unterwelt, Eroberer des Himmels...«
Er gab Tjelfe einen aufmunternden Klaps auf den Kopf, und Tjelfe stand nun wirklich – wie vom Donner gerührt! Obwohl ihm doch *Loki* die Suppe eingebrockt hatte!
»Jaaa...!« schwärmte der falsche Loki weiter, seine spitze Nase und seinen Lackbart auf die Eltern richtend: »Welche Ehre auch für euch, ihr lieben Leute! Ich sage euch, wäre Tjelfe *mein* Sohn, so würde ich stolz und glücklich sein, ihn bei den Göttern zu wissen, hoch dort oben... in WALHALLA...!«
Der Vater reckte sich und blickte freudig. Und die Mutter strahlte vertrauensvoll: Bei den Göttern! *Das* war eine Zukunft! Eine bessere Schule gab es nicht!
Und Tjelfe kam sich plötzlich sehr, sehr wichtig vor.
Niemand dachte daran, daß der gewitzte Loki den Jungen

Thors Burg war ein ungeheurer, riesiger Turm.

»Ich werde dich lehren, Quarks in mein Haus einzuschleppen!«
wütete Thor.

gut als Stiefelputzer gebrauchen konnte...
Wieder rieb sich Loki die Hände. »Nun wollen wir erst einmal frühstücken«, rief er munter, denn er roch das frisch gebackene Brot. Auch eine köstliche Milchsuppe hatte die Mutter bereitet. Selbst der Donnergott ging ins Haus, nachdem er die wieder heile Ziege zu ihrer Gefährtin vor den Wagen gespannt hatte.
Tjelfe stapfte mit geschwellter Brust über die grüne Wiese und lauschte dem Vogelgezwitscher. Es klang ihm lieblich in den Ohren.
Zu den Göttern durfte er! Zu den Göttern nach WALHALLA, wohin kein Sterblicher je gelangte! War das nicht super, spitze, oberspitze... ach, mit Worten gar nicht zu beschreiben...???
»He, Tjelfe!« Roskva hatte sich aus dem Haus geschlichen. Nun störte sie Tjelfes Götterträume mit neugierigen Fragen:

»Sag mal, spinnen die da drinnen alle? Ist es wirklich wahr?«

»Was?« fragte Tjelfe von oben herab.

»Daß sie dich mit nach WALHALLA nehmen! Das ist doch wohl bloß Spaß?«

»Nein Roskva, kein Spaß. Götter spaßen nicht!«

»Ich danke!« lachte die Schwester. »Dazu hab' ich meine eigene Meinung. Na, gut. Wirst du im Donnerwagen mitfliegen?«

»Ich denke doch...«

»Hast du denn keine Angst?«

Tjelfe blieb stehen: »Ich – und *Angst*? Ich bin doch kein Mädchen! Ich werde die Welt sehen, riesige Schlangen fangen, tausend Abenteuer erleben...«

»Oh, bitte, kann ich nicht mitkommen?« rief Roskva.

»Nein«, sagte Tjelfe. »Das ist nichts für Kinder. Thor kann nur Männer gebrauchen. Verschwinde jetzt!«

Tjelfe stapfte weiter, und Roskva streckte ihm die Zunge heraus. »Bääähhh...!« Als er sich umdrehte, sah er seine Schwester noch immer auf der grünen Wiese stehen. Da gab er sich einen Ruck und ging auf sie zu.

»Tja, Roskva, ich fahre ja nun wohl gleich weg«, begann er. »Und da wollte ich dir noch sagen, daß... daß...« Er mußte schlucken. Seine Kehle war wie zugeschnürt. Trä-

nen traten ihm in die Augen. Doch er nahm sich mächtig zusammen, denn er war doch ein angehender Held. Stumm umarmte er seine Schwester. Schweigend legte sie ihr kluges Köpfchen an seine Hühnerbrust...
Dann rannte Roskva davon, wahrscheinlich, um sich in der Hundehütte zu verbergen...
»Tjelfe...!« brüllte Thor, die Ziegen mit dem Donnerwagen auf die Wiese ziehend. »Beeil' dich! Ab, die Post! Nach WALHALLA!«
Und so flog Tjelfe mit den Göttern davon...

Thor ließ die Ziegen gemächlich durch die Lüfte traben. Er donnerte heute nicht. Warum? Nun, Götter sind launisch. Thor hatte keine Lust, den Hammer zu schwingen.
Und die beiden Raben kreisten über den grünen Baumwipfeln und krächzten:

»Krah, krah..., krah, krah!
Hörst du Thors Karren
Nach WALHALLA knarren...???«

»Ja, klar..., ja, klar:
Ich höre Thors Karren
Nach WALHALLA knarren...!!!
Krah, krah..., krah!
Sie sind ja bald da...!!!«

Doch Thors Donnerwagen war noch längst nicht da. Thor verharrte am Rande eines tiefen, tiefen Abgrunds und hielt die Ziegen, während Loki mit gefurchter Stirn herumstand, als warte er auf etwas.
Loki reckte seinen Meckerbart gen Himmel. »Nun müßte er eigentlich kommen«, murmelte er.
»Wer?« fragte Tjelfe. »Wer müßte kommen?«

»Junger Mann, frag nicht so dumm«, entgegnete der feine Herr Loki unfein. »Wir warten auf den Regenbogen, der durch meine Zauberkraft die Brücke nach WALHALLA bilden soll.«
Aha! Der Donnergott wollte seinen Ziegen den mühsamen Flug ersparen, nachdem er sie am Vortage ununterbrochen durch sämtliche Himmel und Lüfte gejagt hatte!
Kling, kling, kling...
Ein blendendes, leuchtendes, funkelndes, glitzerndes und blitzendes buntes Band glitt aus schier unendlicher Höhe herab und legte sein Ende direkt vor die Füße der Reisenden.
Tjelfe schloß wie geblendet die Augen und öffnete staunend den Mund.
»Mach deine Freßklappe zu und komm!« herrschte Loki ihn an.
Thor marschierte bereits vor dem Ziegenwagen her auf dem Regenbogen. Loki wanderte hinterdrein, und nun folgte Tjelfe, behutsam einen Fuß vor den anderen setzend. Auf einer Regenbogenbrücke war er noch nie gegangen!
Tjelfe bückte sich und griff mit beiden Händen in den funkelnden Himmelsweg hinein. Oooooooh......!!!!!!
Er bestand aus Rubinen, Diamanten, Gold- und Silber-

splittern und allem Edlen, das WALHALLA zu bieten hatte – und das der Junge aus Midgard natürlich nicht kannte. Höher und höher stapften Thor und Loki mit den Ziegen, dem Wagen und dem sprachlosen Tjelfe den Regenbogen hinan.
Tjelfe schielte nach links und rechts über die Ränder. Oh, Himmel...!!!
Tief, tief unter sich sah Tjelfe die Wildgänse fliegen. Ein See wirkte von hier oben so winzig wie das Auge einer Maus, und die Bäume waren kleine, bebuschte Stöckchen. Da bekam es der angehende Held mit der Angst: Bibbernd blieb er stehen. Schluckend fragte er Loki:
»D-d-d-er Re-Re-Regenbogen wird doch nicht etwa b-b-brechen?«
Loki blickte mißmutig über die Schulter:
»Was meinst du?«
»K-k-kann der Regenbogen einstürzen?«
»Unsinn!« fauchte Loki. »Wie kann ein Regenbogen einstürzen, den ich selber gezaubert habe? Dämlicher Bengel!«
Da war der Junge still.
Weiter zog die Gruppe. Allen voran Thor. Der feine Herr Loki versank beim Wandern in Gedanken. Und die Nase dieses vornehmen Spitzbuben wurde immer spitzer, je

näher sie WALHALLA kamen. Auch Götter haben Sorgen, und Lokis Sorge war nicht von Pappe:
Vor drei Tagen war er nämlich ohne Thors Wissen im Reiche Udgard gewesen, um sich mit dem König der Unterwelt im Zaubern zu messen. Loki hatte verloren, weil König Udgard besser schummeln konnte. Als Verlierer mußte Loki einen Riesen mit nach WALHALLA nehmen, den die riesigen Riesen der Unterwelt nicht mehr haben wollten, da er ihnen zu frech war:
Dieser frechste Riese der Welt hieß – QUARK.
QUARK war eigentlich gar kein Riese. QUARK war eigentlich ein ZWARK – Verzeihung, ich meine natürlich: Zwerg. Na, was denn? War QUARK nun ein Riese oder war er ein Zwerg, Donnerwetter noch mal, das muß sich doch feststellen lassen.
Muß es nicht.
QUARK war so stark wie alle Riesen im Reiche Udgard zusammen. QUARK sah aus, als hätten ihm zehn Riesen mit

zehn Bratpfannen so lange auf den Kopf geschlagen, bis er nicht viel größer war als ein Pilz.
Hm – etwas größer doch. Aber kleiner... als... ja, als zum Beispiel Tjelfe.
Diesen kleinen Riesen hatte Loki also gleichsam als Verlierer »gewonnen«, und das war ein bedrückender Gedanke.
Niemand in WALHALLA ahnte, daß ein QUARK aus Udgard in den geheiligten Göttergefilden herumspukte. In seiner innersten Seele flehte der Gott Loki zu sich selber:
Hoffentlich hat QUARK inzwischen kein Unheil gestiftet! Hoffentlich ist er in meinem Gartenhäuschen geblieben, das ich ihm angewiesen habe...!!!
Und während Loki derart sorgenvoll hinter dem Wagen her über die Regenbogenbrücke stapfte, hörte Tjelfe eine liebliche, nur allzu vertraute Stimme:
»Hei, Tjelfe... Pscht... Komm her...!«
Die Stimme ließ Tjelfe alles vergessen – wie wir einstweilen QUARK wieder vergessen wollen.
Es war eine Mädchenstimme, und sie meldete sich aus dem Inneren des offenen Donnerwagens: Tjelfes Schwester Roskva lugte verschmitzt heraus!
Tjelfe klapperte mit den Augendeckeln.
ROSKVA......!!!!!!

Wie war das möglich? Ja, Tjelfe mochte kühn sein. Aber Roskva war beharrlich! Der Bruder hatte sie nicht mitnehmen wollen, nun, Pustekuchen! Hinterrücks war sie auf den Wagen gehopst und hatte sich unter einem leeren Ziegenfuttersack verborgen. Und weder der Donnergott Thor, noch der listige Loki bemerkten den heimlichen Fahrgast. Einfach toll, Roskva, einfach toll! Bist ein superkluges Mädchen...!!! Begeistert sprang Tjelfe zur Schwester auf den Wagen. Lachend sanken sie sich in die Arme. Aber dann verhielten sie sich still: Keine Ziege und kein Thor sollte etwas wittern.
Loki, der sorgenvoll hinterdrein schritt, blickte auf, entdeckte die Kinder zusammen auf den Karrenbrettern, sagte aber nichts. Im Gegenteil: Loki lächelte betont kinderlieb, denn es fiel ihm sogleich ein, daß Roskva seine Honigbrötchen für ihn schmieren könnte...
Die beiden Raben, die am Ende des Regenbogens auf zwei goldenen Pfosten saßen, krächzten einander zu:

»Krah, krah..., die Kinder sind da...«
»Sie kommen mit Thor...
aus Midgard hervor!«

»Krah, krah, ja, ja... sie nahen der Götterwelt Asgard, dem Reich der Wunder und des Lebensbaums, wo der König der Götter, ODIN, im goldenen WALHALLA thront – und wo BILSKENER steht, des Donnergotts Heim, das auch Loki bewohnt...«
»Krah, krah, krah, krah... Tjelfe und Roskva sind da!«

Und der Regenbogen begann zu klingen, die Vögel im gewaltigen Wipfel des Lebensbaums stimmten ein Willkommenslied an:
Gar süß klang in den Ohren der Geschwister das Gezwitscher...
Thor drehte sich um, sah Roskva – und schmunzelte aus vollem Barte. Er war zu Hause. Nun trug er keinen Donner im Herzen, sondern Frieden...
Während Tjelfe und Roskva die Ziegen in den Stall führten, schob Thor den Wagen in die Garage. Auf Loki achtete keiner. Thor meinte, Loki unterhalte sich irgendwo mit den Raben.
Ach, wie gern, wie gern hätte Loki mit den Raben geschwatzt! Aber das konnte er nicht, denn QUARK hatte ihn in den Brunnen geworfen.
Das kam so:

Loki wendete seine spitze Nase über den spitzen Schultern hin und her, zupfte seinen schwarzen Meckerbart und lugte aus stechenden Augen umher. Er hatte schon bemerkt, daß die Tür zu seinem Gartenhäuschen offenstand. Quark war also entwischt, und Loki fürchtete das Schlimmste.
Wo war Quark, der kleinste Riese der Welt, den Loki heimlich nach Walhalla gebracht hatte – und den keiner hier oben sehen sollte...???
Wo trieb sich der quarkige Lümmel herum...???
So dachte Loki. Aber der spitzfindige Quark mußte die spitzen Gedanken des Spitzbuben Loki mitgekriegt haben. Er lauerte hinter dem Scharnier des Brunnenschwengels. Und als der Gott der Bosheit und der Arglist vorbeikam, sprang ihm Quark auf den Kopf! Erst sauste Loki unter dem Gewicht des Zwergriesen wie ein Nagel in den Boden. Doch gleich zog ihn Quark wieder heraus und warf ihn in die Höhe, zu den Raben.
Als Loki heruntergezischt kam, bekam er von Quark einen Tritt in seinen Götter-Po – und landete im Brunnen. Hei! Der Brunnen war eine lange, lange senkrechte Röhre, auf deren Grunde nur wenig Wasser stand. Mit gesträubten Haaren, flatternden Augenbrauen, weit geöffnetem Munde, die Hände voran, die Fußsohlen nach

oben, sauste Herr Loki der nassen Abkühlung entgegen. Platsch......!!!!!!
Der feine Göttermann war unten angekommen, und eine ganze Weile konnte er nur gurgeln.
Auf dem Brunnenrand schlug QUARK vor Freude Purzelbäume. QUARK war ein lieber, lustiger Kleinriese: Aber er trieb nun mal allzugern Unfug, und Loki, dessen Falschheit er roch, bildete ein willkommenes Opfer.
»Hng, hng, hng«, lachte QUARK. Sein Mondgesicht strahlte. Die komischen Eckzähnchen, die aus seinen Mundwinkeln ragten, blinkten schneeweiß. Mit dem kurzen, pechschwarzen Haar und den munteren Augen, die bald Striche und Bögen, bald Kulleraugen waren, sah er eigentlich harmlos aus. Er trug eine Kindergarten-Spielhose, ein kurzärmeliges Hemd und gewöhnliche Schuhe. Ein normaler Mensch hätte QUARK für einen Vierjährigen gehalten..., und damit hätte er sich aber ganz gewaltig getäuscht!

In der Tiefe des Brunnens stand Loki fast bis zum Hals im Wasser. Er rang die Hände und knirschte mit den Zähnen.
»Hol mich heraus, verdammter Zwerg!« schrie er.
Da ließ QUARK ein Seil mit einem Eimer herunter und sprang auf dem Brunnenschwengel wie auf einer Wippe hin und her:
Klock..., machte der Eimer auf Lokis Kopf.
Oben hopste QUARK immer schneller. Und immer schneller tanzte der Eimer auf dem Haupt des Gottes im Brunnen:
Klock, klock, klockklockklockklockklockklock...
»Laß das, du Biest!« kreischte Loki, im Wasser herumspringend. »Na, warte, wenn ich dich kriege...!!!
»Hng, hng, hng...«, lachte QUARK, »hng, hng, hng...«
»Ich schicke dich zurück zu den großen Riesen, die dich nicht leiden können!« tobte der nasse Herr Loki.
Ja, dazu mußte Loki aber erst einmal aus dem tiefen Brunnen raus sein! QUARK machte es einen Heidenspaß, wie der hochnäsige Gott da unten hilflos paddelte und mit den Füßen sogar Modderpampe vom Grunde aufrührte.
»Hng, hng, hng...!« QUARK hielt sich den Bauch.
Loki verlegte sich aufs Betteln:
»QUARK, kleiner Freund!« rief er mit öliger Stimme. Und er verzog sein Gesicht zu freundlichstem Lächeln. »Lie-

ber, bester, allerbester QUARK! Warum hilfst du deinem guten Onkel Loki hier nicht heraus?«
»Hng!«
»Bist doch ein lieber Junge!« schmeichelte Loki vom Grunde des Brunnens.
»Hääääää......!« QUARK beugte seinen Kopf über den Rand und streckte Loki die Zunge heraus. Eine schöne, breite, lange, rotleuchtende QUARK-Zunge.
Au, au, au! Jetzt raste Loki vor Wut. Er stampfte mit den Füßen, hieb mit geballten Fäusten auf das Wasser ein, nahm einen Schluck und versuchte, nach oben zu spukken. Das bekam ihm schlecht! Er kriegte seine eigene Spucke ins Auge.
»Zum Kuckuck mit dir, du QUARK-Stück......!!!!!!« schrie er gellend. »Hilfe... Hilfe... Hilft mir denn niemand......?
Da zog ihn QUARK an einem Seil herauf, aber als der pitschnasse Loki mit schnaubender Spitznase auf ihn eindringen wollte, hopste QUARK auf einen Baum und lachte sich einen Ast, auf dem er sicher war.
Bald werden wir wieder von ihm hören.
Nun wollen wir aber mal sehen, wie es Tjelfe und seiner Schwester Roskva in BILSKENER ergeht, dem Heim des Donnergottes Thor...

Was Tjelfe und Roskva in Walhalla erleben

Wie ein Goldbarren von den Ausmaßen eines Großflughafens und der Höhe vieler Hochhäuser aufeinander lag die Festung von Walhalla in der Sonne, der Sitz des Königs der Götter, des einäugigen Odin.
Die übrigen Götter, die uns hier nicht kümmern, wohnten weit auseinander in ihren Burgen. Das größte Haus nach Odin bewohnte Thor, weil er der rührigste und mächtigste aller Götter war.
Genau besehen war Thors Haus ein ungeheurer Turm. Man muß sich diesen Turm ein wenig wie einen Leuchtturm vorstellen. Das paßt ja auch für einen, dessen Donnerhammer leuchten kann...
Im Keller des Turms spaltete Tjelfe Holz für den Küchenherd von Thors Frau. Der Stiel der Axt war fast so groß wie Tjelfe selber – und die Klinge wog schwerer als eine Rasierklinge! Bei allen Göttern, – das könnt ihr mir glauben!

»Puuuhhh…« Tjelfe ging am Stiel der Axt in die Knie. Vor lauter Mühe war er grau im Gesicht. Mit dem Handrücken wischte er sich den Schweiß von der Stirn. Nein, so hatte er sich sein Gastspiel in der Hauptstadt Asgards nicht vorgestellt! Er hatte geglaubt, Thor würde ihn auf seinen Donner- und Blitzfahrten mitnehmen, ihn auch einmal den Hammer schwingen – oder wenigstens anfassen – lassen.
Tjelfe träumte ja von wunderbaren Abenteuern.
Er träumte davon, alle Herrlichkeiten in den geheimnisvollen Wäldern rings um WALHALLA kennenzulernen. Wie gern hätte er an Thors Seite Ausflüge nach Midgard gemacht, die Midgard-Schlange auf den sieben Meeren gejagt. Und mit welch gruseliger Freude wäre er mit dem Donnergott hinab ins Reich der Riesen und Feuergeister gereist, zu König Udgard, dem Beherrscher der Unterwelt.
Was für ein Triumph schwebte Tjelfe vor:
Den Eltern eines Tages entgegenzutreten und ihnen freudig zuzurufen:
»Tag Mutter, Tag Vater! Freut euch! Hier kommt euer Sohn Tjelfe, der donnern und blitzen kann wie Thor, und der ein echter Held geworden ist!«
Statt dessen wurde er im Götterhaus Thors wie ein Putzlappen behandelt. Ach, schlimmer noch:

»Hihihi..., das war ein köstlicher Zirkus! Jetzt ärgern sich alle.
Ich aber, ich liege in meinem weichen Bett!«

Inmitten Walhallas liegt gleißend die goldene Festung Odins, des Königs aller Götter.

Von früh bis spät mußte er sich regen, mußte fegen, mußte sägen. Er mußte sich bücken, Kisten rücken, Fässer rollen, Wasser holen, über Treppen Säcke schleppen, ach, ach, hach, hach...!!!
Es gab furchtbar viele Treppen in dem riesigen Donnergott-Turm: Innentreppen, Außentreppen, Seitentreppen, Nebentreppen, Untertreppen, Obertreppen. Und was keine Treppe war, war eine Leiter, wie die, die in den Holzkeller führte.
Dort erschien jetzt Roskva. Sie kletterte durch die Bodenklappe zu ihrem Bruder herab. Roskva hatte den besseren Teil erwischt. Sie durfte Thors Babys betreuen, zwei goldige Säuglinge, einen Jungen und ein Mädchen, Donny und Dinny genannt. Die Babypflege machte ihr großen Spaß. Sonst aber hatte auch sie von morgens bis abends alle Hände voll zu tun.
»Mir ist schleierhaft«, maulte Tjelfe, »wie die das früher gemacht haben. Wie die ohne uns ausgekommen sind. Außer Frau Thor arbeitet niemand.« Ächzend spaltete er einen Holzkloben. »Herr Loki räumt seine Zimmer nie selber auf. Das mußt du für ihn tun, Roskva. Du putzt seine Leuchter, du leerst seinen Nachttopf aus. Loki selber treibt nur immer an und mäkelt und mäkelt, dabei hat er keinen Beruf wie Thor, der donnern und blitzen muß.«

»Die Götter sind komische Menschen«, überlegte Roskva. Sie verbesserte sich: »Sonderbare Wesen. Sie machen Gewitter, ohne zu wissen, daß Gewitter von allein kommen. Und sie sind gewaltige Faulenzer, wie zum Beispiel Loki.«

»Faulenzer, ja!« bestätigte Tjelfe. »Und sie denken, wir beide hätten Kräfte wie Götterknechte.«

»Knechte gibt es in Thors Haus nicht«, sagte Roskva.

»Hm, hm, hm«, brummte Tjelfe. »Der Gott, der Hammer schwingen läßt, der kennt wohl keine Knechte...«

Da tönte von oben her der laute Ruf einer Frauenstimme durch das Donnergott-Gemäuer:

»Tjeeelfeee...! Roooskvaaa...! Helft mir in der Küche und bei den Kindern...!«

Es war Thors Frau, die die Geschwister rief.

Thors Frau hieß SIF. SIF ist keine Abkürzung für »Sehr Irre Frau« oder »Sehr Interessante Frau«, nein. Sie hieß tatsächlich so, und dabei soll es bleiben.

Thors Frau Sif war groß, mollig und lieb. Sie donnerte nie, sie polterte auch nicht. Zu Tjelfe und Roskva war sie freundlich und ließ es ihnen an nichts fehlen.

»Feg den Eßplatz aus«, bat sie Tjelfe. »Ich koche gerade Donnersuppe, denn mein Mann muß gleich von seiner schweren Donnerfahrt heimkehren, und da braucht er was Kräftiges. Und du, Roskva, du guckst mal eben nach den Babys.«

Das tat Roskva mit Begeisterung. Leider aber schrien die Babys, und sie rissen dabei ihr Mäulchen sehr weit auf.

»Ich weiß, warum sie weinen«, sagte Roskva eifrig. »Sie kriegen ihr erstes Zähnchen. Ich kann mich nicht daran erinnern, wie das bei mir war, aber ich wette, es tut ganz gemein weh.«

»Du hast recht, Liebes«, bestätigte Sif freundlich. »Dagegen helfen Lutscher oder Schnuller. Warte –«

»Ich lege inzwischen Donny trocken«, erklärte Roskva. »Er hat sich naß gemacht.«

Sif verfertigte aus sauberen, weißen Läppchen zwei mundgerechte Kugeln und befestigte Querhölzchen

daran, damit die Babys diese komischen Schnuller nicht verschlucken konnten. Dann tauchte sie die Schnullerkugeln in köstliche Milch und stopfte sie Donny und Dinny in die schreienden Mäulchen.
Blupp...
Blapp...
Die Mäulchen klappten zu, die Babys waren mausestill und lutschten behaglich. Mit den Querhölzchen über dem Kinn sahen sie sehr ulkig aus.
Roskva stellte Dinny in das Gitterbettchen. Sif wiegte Donny auf dem Arm – und Tjelfe schwang noch den Besen, als ein Grommeln und Trommeln draußen die Rückkehr von Thors Ziegenwagen ankündigte.
Liebevoll schmunzelnd blickte die gute Frau Sif mit Donny aus dem Fensterloch. Dinny hopste freudig im Gitterbettchen. Und Tjelfe und Roskva atmeten auf.
Thors Ankunft war allemal eine Schau, wenngleich er hier nichts anderes als der gute Vati war.
Alsbald trat er durch die Tür.
»Hallo, alle zusammen!« rief er munter. Und er warf seinen Hammer an den Garderobenhaken. (Der Hammer hatte nämlich eine Öse.)
Die gute Sif eilte ihrem Mann entgegen. Die beiden umarmten sich wie normale Menschen. Dann nahm Thor

seinen Sprößling Donny und setzte sich mit ihm in die Ecke.
»Duziduziduzi...!« schmeichelte er.
»Mäh...« machte Donny hinter seinem Schnuller.
Da lachte der Donnervater liebevoll und stolz:
»Ja, Donny! Du bist Vatis Bester! Küßchen, Küßchen, mein Schnuckebutz... Du wirst einmal ein Blitz- und Donnerboy! Dich nehme ich mit auf die Jagd! Dann werden wir Riesen und Zwerge in die Flucht schlagen!«
Tjelfe hörte die letzten Worte und dachte, er sei gemeint. Mit seinem Besen eilte er zu Roskva, die eben dabei war, Dinny zu füttern.
»Roskva, Roskva...!« meldete der Bruder beglückt.
»Weißt du das Neueste? Thor hat gesagt, er will mich mit auf die Jagd nehmen.«
»Ppphhh...«, machte Roskva verächtlich. »Tjelfe, du Träumer! Glaubst du etwa, Thor meint *dich*? Er will seinen Donny zum Helden erziehen, nicht dich! Guck doch, was du da in Händen hast: Einen lumpigen Besen, und dabei wird's ewig bleiben.«
»Aber...«

»Kein ›aber‹«, erklärte die vernünftige Roskva. »Wir sind hier nichts anderes als Diener.«

Sif nahm die Babys und stellte sie in ihr Gitterbettchen. Thor rief aus seiner Ecke:
»He, Tjelfe, guter Junge! Bringst du mir ein Bier?« Dabei kniff er vertraulich ein Auge zu, was so viel heißen sollte, wie: »Aber einen tüchtigen Schluck!«
Eilfertig stellte Tjelfe den Besen in den Schrank, nahm ein Trinkhorn vom Bord und füllte es aus dem Spundloch des Bierfäßchens.
»Aaaaaaahhhhh...« seufzte der Donnergott beglückt.
»Das zischt! Hmmm, wie wohl so ein Bierchen tut nach einem langen, schweren Donnerstag!« (Bei Thor war immer Donnerstag, wenn er donnern fuhr!)
»Du wirst Hunger haben, Liebster«, sagte Sif. »Deine Leibspeise ist gleich fertig. Roskva, stell bitte die Suppenteller auf den Tisch!«
Thor rieb sich die Pranken, als Sif die mächtige Terrine brachte. »Mmmhhh..., riecht das gut. So, Kinder, nun nehmt Platz und macht ›schmatz-schmatz‹!«
Tjelfe und Roskva lachten.
Als alle saßen und die köstliche Donnersuppe schlürften, klopfte es. Die Tür ging auf – und auf der Schwelle stand Loki.
»Einen recht, recht schönen guten Abend!« grüßte er mit öligem Lächeln. Er sah wieder sehr fein aus, Thors

Untergott und Hausminister. Seine Kleidung war schick. Für die gewellten Haare mußte er die Raben als Lockenwickler benutzt haben. Und seine Zähne hatte er mit der weißesten WALHALLA-Kreide geputzt.
»Zum Essen kommst du immer pünktlich«, bemerkte Sif tadelnd.
»Kann man sagen, kann man sagen«, grinste Thor. »Tjelfe, gib mir noch ein Bier!«
Diesmal nahm Tjelfe einen Krug, weil man ihn besser zur Mahlzeit benutzen konnte, als ein Trinkhorn.
Tjelfe kniete mit dem Krug vor dem Bierfaß, als er Sifs Aufschrei hörte:
»Was ist daaas…???«

Er drehte sich um und hätte vor Schreck beinahe das Bier überlaufen lassen. Hinter Loki kam ein Zwerg in den Eßraum gestapft, ein über beide Backen lachender Kobold mit Zähnchen in den Mundwinkeln, ein Hampelmännchen – oder sowas Ähnliches.
Das lustige kleine Wesen schien sich hier zu Hause zu fühlen.
Roskva machte große Augen.
Tjelfe stellte Thor den Bierkrug hin. Der Donnergott rollte seine Augen in Richtung des Kobolds und lachte:
»Hahaha, Loki! Dieses Biest da, das hast du doch sicher aus der Unterwelt mitgebracht, wie? Willst du deinen faulen Zauber an ihm erproben?«
Loki aß seine Suppe und tat, als müßte er sich erst erinnern. Über die Schulter blickend, sagte er:
»Ach, so. Ja. Das ist ein liebes, kleines Mitbringsel. Es heißt QUARK. Und es wird bestimmt nicht stören.«
Wumm! Wumm! Wumm...!!!

Da krachte es fürchterlich, denn QUARK war in die Vorratskammer eingedrungen und hatte alle Fässer ins Rollen gebracht. Nun kullerte er mit den Fässern über die Bodenbretter, kopfüber, kopfunter. Roskva und Tjelfe mußten lachen, denn es war ja ein *zu* komischer Anblick, wie das Kerlchen da purzelte!

Jetzt zog QUARK aber ein offenes Fischfaß heran, stellte sich in seinem Spielhöschen daneben, grapschte gesalzene Fische heraus, warf sie in die Luft und fing sie mit dem Munde auf.

Bluck..., schluckte er, mutsch, matsch, hupp!

»Das sind scheußliche Geräusche!« rief Sif.

»Nun, QUARK ist ja noch klein«, schwindelte Loki mit begütigendem Lächeln. »Er wird lernen, sich zu benehmen!«

In diesem Moment spuckte QUARK ein ganzes Bündel Fischgräten über den Tisch.

»Er wird sich benehmen?« höhnte der Donnergott. »Das sehe ich aber ganz anders!«

QUARK versteckte sich hinter einem Balken, und Loki versuchte, die Tischrunde durch Zauberkünste abzulenken.

»Ich habe hier«, begann er wichtig, »einen schönen, roten Apfel. Ich streue ein paar Rosenblätter darauf...« Er griff

in die Innentasche seines Gewandes: »Sooo... Und nun wird sich vor euren Augen eine riesige Frucht bilden, groß wie ein Kürbis.«
Da kam QUARK hinter dem Balken hervorgesaust und spuckte auf den Zauber, so daß der Apfel zu Kirschengröße schrumpfte.
Tjelfe und Roskva kicherten.
»Loookiii...!!!« mahnte Sif streng. »Würdest du bitte etwas mehr auf deinen kleinen Freund achten?«
Loki ärgerte sich selber, denn QUARK hatte ihm die Schau verdorben. »Verschwinde...!!!« knirschte er, einen tückischen Blick auf QUARK werfend. »Verrrschwinnndeee...!!!«
QUARK ließ Dampf aus seinen Hosentaschen entweichen und kroch unter die Bank.
Tjelfe und Roskva lachten sich an: Dieser QUARK war ein Spaßmacher, wie sie ihn noch nie erlebt hatten! Und es freute sie, daß er den eitlen Loki-Gott ärgerte!
Loki zauberte weiter. Er nahm etwas, das wie eine Nuß aussah, heftete dem Ding zwei Rabenflügel an und erklärte:
»Dies ist eine original selbstgezauberte Fledermaus!«
»Hahaha, hohoho...«, höhnte der Donnergott vergnügt. »Wer das glaubt, den fressen die Hühner!«

»Meine künstliche Fledermaus kann fliegen!« brüstete sich Loki. »Sie quietscht sogar!« Er entließ sie in den Raum, und der ulkige Zauber schwankte auch wirklich zwischen Tisch und Kochherd hin und her.
»Seht ihr? Sie fliegt wirklich!« rief Loki stolz.
Plötzlich schnellte QUARK unter der Bank hervor, hopste hoch, sperrte den Mund bis zu den Ohren auf, machte »happs« – und Lokis Zaubermaus verschwand in seinem Rachen. QUARK strich sich den Bauch und grinste von einem Ohr zum anderen.
Jetzt wären Tjelfe und Roskva vor Lachen beinahe von ihren Plätzen gefallen.
Aber nun wich der gutmütige Ausdruck jäh aus Thors Gesicht.
»Das geht zu weit!« donnerte er – wenn auch vorerst noch leise. »Fauler Zauber oder nicht, dieser QUARK hat hier niemandem die Schau zu stehlen. Ich bin der Hausherr, und das wird QUARK jetzt spüren!« Er stand auf, griff QUARK am Hosenbund, nahm ihn unter den Arm und versohlte ihm den Hintern mit kräftiger Donnerhand.

QUARK war sehr, sehr, sehr stark, denn er war ja ein kleiner Riese. Aber gegen Thor kam er nicht an. (Vielleicht tat ihm die Haue auch gar nicht weh.)
Thor warf QUARK auf die Füße und begann mit Loki zu schimpfen:
»Wie oft habe ich dir gesagt, du sollst keine Gnome, Trolle oder andere Typen aus dem Reiche König Udgards heraufbringen? Morgen lieferst du den frechen Zwerg in der Unterwelt wieder ab, hast du verstanden, Loki?«
»Ich bin ein freier Gott, wie du!« erwiderte Loki hochmütig.
»Ja, aber du wohnst in *unserem* Hause!« mischte Sif sich ein.
Tjelfe und Roskva saßen ganz still. Sie fürchteten Zank und Rabatz – und nichts ist so schlimm, wie Zank und Rabatz unter Göttern. So viel hatte sie ihr Aufenthalt hier schon gelehrt.
So bemerkte niemand, daß QUARK zu den Babys schlich. Babys kannte QUARK nicht. Er hielt sie auch für kleine Riesen. QUARK wollte mit Donny und Dinny spielen. Was lag näher, als daß er ihnen die Schnuller aus den Mäulchen zog?
Gleich begannen sie zu schreien!
Da steckte QUARK erst Donny, dann Dinny den Schnuller

wieder zwischen die Lippen. Klapp, klapp – die Münder schlossen sich – und das Geschrei war vorbei. Das fand QUARK sehr spaßig. Nun zog er beiden zugleich die Schnuller heraus – und beide schrien gemeinsam! Danach wechselte QUARK mit dem Schnuller-Einstecken und Schnuller-Herausziehen schneller ab: Donny und Dinny schrien und schwiegen abwechselnd. Immer: Eins, zwei... eins, zwei... eins, zwei... »Bäh, böh... bäh, böh... bäh, böh...!!!«

Sif drehte sich um. »Was macht der QUARK da bloß mit den Kindern?«

Sie eilte mit großen, mütterlichen Schritten auf das Gitterbett zu, packte QUARK mit wehrender Mutterfaust und warf ihn Loki zu.

Dann riß sie die Babys an sich.

»Mir reichts!« schrie sie. »Wie lange soll QUARK bei uns bleiben, Loki?«

»Nuuun...«, Loki krümmte sich lächelnd. »Ich denke, bis ich ihm Benehmen beigebracht habe, das sagte ich ja schon...«

»Das kann Jahre dauern!« rief Sif. »So lange will ich nicht warten. Ich gehe mit den Babys in mein Schlafzimmer. Und ich komme erst wieder, wenn QUARK verschwunden ist!«

Sie bündelte Donny und Dinny, ging starken Fußes aus dem Eß- und Küchenraum und schlug die Tür zu.
Peng...!!!
Weg war Sif.
Thor guckte verdutzt. Langsam färbte sich sein Gesicht blaß, rot und schließlich wut-grün. Ein Grollen erschütterte seinen Körper, das lauter, immer lauter wurde. Als er seinen Bierkrug auf den Tisch knallte, verbargen sich Tjelfe und Roskva – Schlimmes ahnend – hinter einem Pfosten.
»Loki...!« brüllte Thor. »Wirf sofort deinen QUARK aus dem Fenster! Sooofooorrrrrt...!!!!!«
»Aber ich bitte dich«, versuchte Loki zu beschwichtigen. »Deine Frau kommt bestimnmt gleich zurück. Sie ist nur ein wenig schlechter Laune. Und der liebe kleine QUARK wird sich entschuldigen –«
Weiter kam er nicht.
»Der *liebe* kleine QUARK?« donnerte Thor. Er donnerte so furchtbar, daß sich Tjelfe und Roskva die Ohren zuhielten. Thor hob den Arm und ließ die geballte Faust auf den Tisch niedersausen.
Krrraaachchch..., die Platte zerbarst. Bretter und Splitter flogen nach allen Seiten. Mit einem Tritt seines Donnerfußes schleuderte er eine Bank von sich.

»Laß das...!« krähte Loki.
»Ooooooooo, huuuuuuuu...«, grölte Thor. Er sprang hoch, nahm seinen Hammer vom Haken und schwang ihn wild durch die Luft.
Freunde! Ihr könnt euch nicht vorstellen, was jetzt in Thors Wohnung los war! Ein Gewitter in geschlossenen Räumen – hat man sowas je erlebt? Kugelblitze, Zickzackblitze, sternförmige Blitze, Superblitze, Blitzesblitze hüllten alles in grellweißes Licht, und der Donner krachte betäubend.
»Wo ist QUARK...???« schrie der Donnergott mit gesträubtem Bart und seiner gewittrigsten Gewitterstimme. Dummerweise hatte er sich durch sein Blitzen selbst geblendet, so daß er QUARK nicht sehen konnte. QUARK machte das Feuerwerk und der Lärm großen Spaß. Er hüpfte fröhlich im Gebälk umher und warf Thor einen Kochtopf auf den Kopf.
»Arrrrrrrrrrrrrr..............!!!!!!!!!!« knirschte der Donnergott, auf Loki eindringend. Loki kriegte ein paar Blitze verpaßt, daß er zu leuchten begann und daß sein Haar und sein Meckerbart Blitzfunken ausstrahlten.
Loki warf sich zu Boden und streckte die Hände abwehrend aus.
»Ich werde dich lehren, QUARKS in mein Eheleben einzu-

schleppen!« wütete Thor. Er schwang seinen Hammer noch wilder und drehte sich wie ein Kreisel. Da fielen die Küchenborde von den Wänden, Holzlöffel flogen wie Pfeile umher, ein Schrank brach zusammen und ergoß seinen Inhalt auf die Bretter: Suppenteller, Platten, Becher, Krüge zerschellten, und die Scherben spritzten hochauf.

Petersilie, Schnittlauch und andere Küchenkräuter flatterten wie vom Herbststurm getrieben an Tjelfes und Roskvas Versteck vorbei, Äpfel hüpften zu Hunderten aus dem zerschmetterten Zwischenstock: Sie regneten förmlich auf Loki herab. QUARK fing einige mit weit geöffnetem Mund und verschluckte sie freudig, ohne sich um das Getümmel zu kümmern.

Das Bierfaß zersprang, sein Inhalt schäumte wie ein See im Wirbelwind.

Marmelade tropfte von den Wänden.

Brote tanzten.

Nüsse hagelten.

Und immer noch tobte der Donnergott.

Da schrie Loki mit fistelnder Stimme:

»Denk an Sif und mäßige dich! Glaubst du, sie wird erfreut sein, wenn sie sieht, was du hier anrichtest?«

Thor ließ seinen Hammer sinken.

Mymir schimpfte: »Laß die Figuren in Ruhe! Nimm deine Pfoten vom Schachbrett! Verschwinde! Verschwinde, wie die Wurst im Spinde...!«

Da erhob Odin seine Stimme zum Brausen einer Orgel und öffnete sein eines Auge furchterregend weit: »Hinaus mit euch! Hinaus!«

Loki stand auf und wischte sich Marmelade aus den Augen. »Ich bin auch ein Gott«, meckerte er frech. »Dein Benehmen ist unerhört! Wenn du dich austoben willst, nimm deinen Hammer, setz dich auf den Donnerwagen und fahr gefälligst nach Midgard! Da kannst du nach Herzenslust weiter gewittern!«
Schnaubend machte Thor kehrt, stürmte zur Tür hinaus, und alsbald hörte man sein Ziegenfuhrwerk davonrumpeln. Loki blickte aus einem Fensterloch in die Finsternis und beobachtete erleichtert, wie der Donnerwagen sich entfernte: Die Blitze wurden schwächer und schwächer, das Rollen und Grollen richtete sich jetzt nach unten, gegen die Menschenwelt in Midgard. Thor war weg...
Loki atmete auf, glättete sein Haar, seinen schwarzen Meckerbart und sein kostbares Gewand.
»Wo seid ihr, Kinder?« fragte er hochmütig.
Tjelfe und Roskva kamen schlotternd herbei.
»Sehr schön, sehr schön«, sagte Loki. »Ihr seht ja, was Thor angerichtet hat. Ihr werdet alles wieder hübsch saubermachen und ordentlich aufräumen.«
Tjelfe stemmte die Fäuste in die Seiten:
»Waaaaaasss......?????« schluckte er. »Diese... diese schreckliche Verwüstung sollen Roskva und ich allein be-be-be-be-beseitigen......?????«

»Ganz recht«, grinste Loki schadenfroh. »Beseitigen! Das ist das passende Wort. Wozu seid ihr hier Dienstboten, he? Also, hopp, hopp!« Loki klatschte in die Hände: »Keine Müdigkeit vorschützen! Frisch an die Arbeit!« Mit erhobenem Haupt bewegte er sich wie ein Theaterkönig auf die Steintreppe zu. Im Tone falschen Bedauerns erklärte er noch:

»Leider, leider kann ich euch nicht helfen. Ich bin ein Gott und habe sehr, sehr viel zu tun. Also gehe ich jetzt in mein Studierzimmer.«

Er verschwand hinter der Tür seiner Wohnung, die gleich neben Thors Eßraum lag, denn als eine Art Minister des Donnergottes hatte er hier sein Quartier.

»Ha!« murrte Tjelfe verächtlich. »Loki schwindelt wie geschmiert! Von wegen Arbeit! Der geht jetzt pennen!«

»Laß ihn«, sagte Roskva, einen Besen ergreifend. »Es hat keinen Zweck zu meutern. Für die Götter sind wir doch nichts anderes als nützliche Hausgeister.« Und das praktische Mädchen machte sich rüstig ans Werk.

Ich sage euch, Freunde: Was die Geschwister zu tun hatten, war kein Honiglecken.

Sie packten die Trümmer der Tischplatte und legten sie im Schweiße ihres Angesichts auf das Tischgestell. Sie schleppten die angeknackste Bank herbei. Sie richteten

Thors schweren Holzsessel wieder auf. Sie rollten Fässer an ihren Ort, schleiften Säcke an den Stapelplatz, sammelten die verstreuten Äpfel und Nüsse ein, Hunderte und aber Hunderte, kehrten die Scherben beiseite, wischten die Bierlache, die Milchpfütze und den Rübensuppensee auf und kehrten Scherben, Scherben und Scherben zusammen.

Und während Tjelfe und Roskva ehrlich schufteten, rieb der Schuft Loki sich in seinem prächtigen Schlafzimmer die Hände. Natürlich dachte er gar nicht daran, sich an seinen Götterschreibtisch zu setzen. In seinem feinen Nachthemd, eine modische Nachtmütze auf dem Kopf, stieg er in sein Götterbett.

»Hihihi...«, lachte er in sich hinein. »Das war ein köstlicher Zirkus! Ich habe sie alle genarrt! Ich, Loki, der Listige, habe sie samt und sonders an ihren dummen Nasen herumgeführt! Eine gute Idee von mir, QUARK einzuschleusen! Jetzt ärgern sie sich, ob Thor, ob Sif, ob der Bengel Tjelfe oder die freche Liese, die sich Roskva nennt... Alle, alle ärgern sie sich und haben die Verwüstung am Halse! Ich aber, ich liege in meinem weichen Bett!«

Loki zog die Decke bis zum Kinn. »Ich werde besonders süß und sanft schlafen, schätze ich«, gähnte er.

Aber da zwickte ihn etwas ins Bein.
»Aua...!!!« schrie Loki und fuhr in die Höhe. »Was ist das...???«
Der listige Loki hatte nicht allein unter seiner weichen Decke gelegen. QUARK war schon vor ihm in das Götterbett geschlüpft. Und nun machte der kleine Riese dem feinen Herrn die edle Schlafstatt streitig.
»Du Biest...!!!« Zischte Loki. »Raus mit dir... Raus aus meinem schönen Bett. Du spinnst wohl? Ein dreckiger QUARK mit einem Gott unter einer Decke! So weit kommt's noch...!!!«
Er nahm den grinsenden, zappelnden QUARK, öffnete die Tür und warf ihn die Steintreppe zu Thors Wohnung hinab.
In der Küche waren Tjelfe und Roskva noch mit Besen und Schrubber beschäftigt, als QUARK wie ein Ball die Treppe heruntergekullert kam.
Bumm...
QUARK landete unsanft auf dem Boden, schlug aber gleich einen Purzelbaum und schwang sich auf die Füße. Freundlich strahlte er die Kinder an.
Roskva lächelte erschöpft zurück.
»Du, Tjelfe?« fragte sie den Bruder. »Was machen wir mit dem putzigen Typ?«

»Vergiß ihn!« erwiderte Tjelfe seufzend. »Wir haben zu arbeiten!« Und er fegte weitere Tonscherben zusammen.
»QUARK!« krähte der kleine Riese. Er zeigte auf sich: »QUARK!«
»Er will uns sagen, wie er heißt. Aber das wissen wir ja schon«, maulte Tjelfe.
Doch Roskva lächelte wieder, so müde sie auch war.
Da fraß QUARK die Scherben auf, um zu zeigen, daß er den Kindern helfen wollte. »Knurps«, machte es in seinem Zwergriesen-Mund, »knurps, knurps, knurps...«
Tjelfe und Roskva waren zum Umfallen erschöpft, aber unter Gähnen mußten sie doch lachen.
Endlich war alles so sauber und aufgeräumt wie möglich. Die Geschwister gingen in ihre Kammer, um ein paar Stunden zu schlafen. Und QUARK setzte sich wie ein Wachhund vor ihre Tür.
Am Morgen war Thor noch immer nicht zurück. Seine Frau Sif hatte sich mit den Babys Donny und Dinny irgendwo in die Tiefe der riesigen Burg zurückgezogen. Tjelfe und Roskva lagen im Erschöpfungsschlaf. Auch QUARK schnarchte auf seinem Plätzchen vor sich hin.
Einer jedoch war frühzeitig wach. Das war der Gott der List und Bosheit, Schadenfreude und faulen Zauberei. Kurz: Loki.

Loki hatte prächtig geschlafen.
Barfuß, noch in seinem Nachthemd, kam er die Steintreppe hinunter gestakst.
»Ah, ah, sieh da!« grinste er. »Die Kinder haben saubergemacht und aufgeräumt! Nun, das trifft sich prächtig. So finde ich alles, was ich will. Wer gut geschlafen hat, der hat auch guten Hunger!«
Er stellte sich auf die Zehenspitzen und tastete auf einem Wandbord nach dem Kasten mit den Götterkeksen. Dieser Kasten, das wußte er, war bei Thors Toberei nicht kaputtgegangen.
Aber... Batsch...! Loki riß das Kistchen herunter – und die Götterkekse lagen auf dem Boden. Wütend warf Loki noch ein paar heilgebliebene Teller hinterher. Die leeren Töpfe und Pfannen nützten ihm auch nichts. Peng, peng...! Weg mit ihnen. Sie flogen durch die Küche und den Eßraum. Verschlossene Krüge, die das Unheil überstanden hatten, fielen um und zerbrachen unter Lokis fahrigen Händen. Kremspeise, Kräutergelee, Fischsülze und andere Köstlichkeiten (eingekocht von Frau Sif) bildeten Pfützen und kleine Sümpfe, durch die Lokis nackte Füße jetzt platschten.
Endlich fand er einen unversehrten Krug mit WALHALLA-Walderdbeer-Marmelade. Schnalzend vor Gier schüttete

er eine große Portion auf einen Suppenteller, nahm einen Holzlöffel und setzte sich an den Tisch, den die Kinder mühsam repariert hatten.
»Oooh, aaah, mmmhhh...«, lächelte Loki verzückt.
»Wie das schmeckt. Das nenne ich ein Götterfrühstück...!«
Während Loki die köstliche Marmelade löffelte, öffnete sich die Tür. Auf der Schwelle standen ... Tjelfe und Roskva.
Die Geschwister trauten ihren Augen nicht, als sie die neuerliche Verwüstung sahen. Was war denn nun wieder geschehen? Sie hatten doch in der Nacht alles aufgeräumt und gesäubert!

»Ei, einen schönen guten Morgen, Kinder«, grüßte Loki schmierfreundlich. »Ich nehme an, ihr wollt arbeiten?!«
»Oh, nein, nein, das darf doch nicht wahr sein!« rief Tjelfe. Er blickte auf die verstreuten Kekse, die Pfützen und Scherben.
»Ihr seid nicht ganz fertig geworden mit dem Saubermachen, wie?« zwinkerte Loki boshaft und heuchlerisch. »Nun, das verstehe ich wohl. Thor hat ja auch zu sehr gewütet.«
»*Wer* hat gewütet?« fragte Roskva furchtlos. »Wir waren mit der Arbeit fertig. Aber *du* hast alles wieder schmutzig gemacht!«
»Ja, du!« rief Tjelfe, sich an der tapferen Schwester ein Beispiel nehmend. »Die neue Sauerei stammt von *dir!*«
»Von mir...???« Loki warf den Löffel hin und stand auf. Seine Augen wurden gelb vor Zorn. Mit eingezogenem Kopf, die Spitzfinger erhoben, kam er um den Tisch herum: »Ihr werdet aufwischen und fegen!«
»Das tu mal selber!« rief Tjelfe.
»Hört«, zischte Loki. »Ihr vergeßt, daß ich ein Gott bin. Und ihr beide, ihr seid bloß lumpige Diener! Also, wird's bald? Nimm den Besen, Roskva!«
»Nein!« sagte das Mädchen. »Ich denke gar nicht daran!«

»Du tust, was ich sage...!« fauchte Loki, sich krümmend.
Roskva blieb ungerührt: »Du hast uns gar nichts zu sagen, Loki. Dies ist nicht *dein* Haus!«
»... nicht *dein* Haus!« wiederholte Tjelfe trotzig.
Da raste Loki auf eine Tür zu, öffnete sie, schrie: »Das werden wir ja sehen!« packte die Kinder und warf sie in die Rumpelkammer.
Peng...!!! Die Tür flog hinter ihnen ins Schloß.
Was nun?
»Wir müssen fliehen«, meinte Roskva, als die den ersten Schreck überwunden hatte.
»Fliehen?« Tjelfe lachte höhnisch. »Wie denn? Wir sind hier gefangen! Hast du nicht gehört, wie Loki den Schlüssel im Schloß herumgedreht hat? Und um von WALHALLA wieder nach Midgard zu den Eltern zu kommen... Ich wette, da brauchst du einen Reiseführer!«
»Hng, hng, hng«, kicherte es hinter ihnen.
Die Geschwister wandten die Köpfe.
»QUARK«, rief Roskva hoffnungsvoll. »Sicher kannst *du* uns helfen...!«

Abenteuer mit Quark

»Wie soll QUARK uns helfen?« zweifelte Tjelfe. »Er versteht uns ja kaum.«
»Ach, der kapiert rasch«, meinte Roskva. »Jedenfalls will ich keinen Augenblick länger in diesem Rumpelkammer-Gefängnis bleiben.«
Sie sah sich um.
»Laß uns warten, bis Thor heimkommt«, riet Tjelfe. »Der wird dem gemeinen Loki seinen Hammer unter die Nase reiben, daß es blitzt und kracht!«
»Und was wäre dann?« fragte Roskva ärgerlich. »Nichts, gar nichts! Wir müßten weiter bis zum Umfallen arbeiten, und der böse Loki würde uns immer neue Streiche spielen. Nein, nein. Ich will hier raus!«
Sie blickte durch ein Fensterloch und sah inmitten WALHALLAS die goldene Festung Odins, des Königs aller Götter am Fuße des hundert Himmel hohen Lebensbaums.
Roskva klatschte in die Hände: »Ich weiß, was wir tun!

Wir gehen zum Götterkönig Odin und beschweren uns!«
Tjelfe lachte mißmutig:
»Das bringt uns nur noch mehr Ärger ein. Nein, nein. Ich warte lieber auf Thor.«
Die Schwester stampfte mit dem Fuß auf. »Dann bleib, wo du bist! Ich verschwinde von hier!« Sie spähte an der Wand des BILSKENER-Turms hinunter.
»Gib dir keine Mühe«, murrte der Bruder. »Du bist kein Maikäfer, der zum Fenster rausschwirren kann. Außerdem kennen wir den König der Götter nicht. An den kommst du gar nicht erst ran! Wer bist du denn? Nur ein klitzekleines Mädchen!«
»Das wollen wir doch mal sehen«, rief Roskva energisch. Sie hatte ein Bündel Seile in der Ecke entdeckt. Nun entrollte sie das Bündel, knüpfte ein Ende an einen Balken und hängte das längere Teil zum Fenster hinaus.
»Was machst du da...???« schrie Tjelfe.
»Abhauen!« erwiderte Roskva. Und sie schwang sich durch das Mauerloch.
Huuuuuuiiiiii......!!!!!! sauste das Mädchen an dem Seil in die Tiefe. Der Burgturm war hoch, und das Seil war lang, aber es war morsch und riß, als Roskva kaum die Hälfte des Weges hinter sich hatte. Kopfüber, nun ohne Halt, stürzte sie weiter.

»Hiiiiiilllfeeeeee...«, schrie der entsetzte Bruder von oben.
Da kam etwas Dunkles an ihr vorbeigeschossen. Roskva landete butterweich auf einem gewaltigen Bündel Heu, und zu ihren Füßen saß grinsend... QUARK! Der liebe kleine Bursche hatte sie gerettet! Er hatte sie im Fallen überholt und ihr blitzschnell den gewaltigen Heuballen untergeschoben.
»Danke, QUARK!« lachte Roskva. Sie blickte hoch: »Tjelfe! Spring mir nach! Du fällst garantiert weich!«
Nun zögerte der Bruder nicht lange.
Huuuuuuiiiiii......!!!!!! kam auch er gesaust, und gemeinsam mit QUARK grub ihn Roskva aus dem Heu heraus. Als die Geschwister lachend auf den Füßen standen, schlug QUARK vor Freude ein paar Purzelbäume und rannte auf den Händen um die beiden herum.
Doch dann besann sich Roskva.
»Kommt!« befahl sie. Und sie wanderte entschlossen mit Tjelfe und QUARK auf Odins goldene Königsfestung zu. Je näher sie dem Palast des Chefs der WALHALLA-Götter kamen, desto mehr schienen sie zu schrumpfen. Höher, immer höher ragte das Doppeltor vor ihnen auf.
Tjelfe legte den Kopf ins Genick, doch er sah nicht, wo die Himmelspforte endete. Auch die Mauer, aus Millionen

vergoldeter Speere zusammengesetzt, schien unüberwindlich. Die Geschwister und Quark standen davor wie drei Ameisen.
»Zwecklos«, murmelte Tjelfe.
Die Schwester fuhr ihn an: »Wie kann man als Junge so schnell entmutigt sein? Ich denke, du bist ein Held?!«
»Helden sind vorsichtig«, verteidigte sich der Bruder. »Nur Mädchen überlegen nicht, was sie tun.«
»Ha!« machte Roskva verächtlich.
»Hng, hng!« lachte Quark. »Hng, hng...!!!« Alles, was geschah, hielt dieser Wicht offenbar für Späße. Mit seinem stämmigen Ärmchen deutete er eifrig in die Höhe.
»Hng, hng, seht, seht!«
Unter der Sonne schwebten die beiden allgegenwärtigen Raben. In Spiralen kamen sie herabgeflogen.
»Krah, krah«, krächzten sie, »was wollt ihr da?«
»Ich? Gar nichts«, murrte Tjelfe. »Ich will nicht zum Götterkönig Odin, ich will zurück nach Bilskener, um auf Thors Heimkehr zu warten. Thor hat mir versprochen, mich zum Helden zu machen!«
»Dann bleib, wo du bist!« erwiderte Roskva. »*Ich* beschwere mich jedenfalls, und Quark begleitet mich.«
»Hng, hng, hng!« bestätigte Quark.
»Olle Petze!« schimpfte der Bruder. Er drehte Roskva und

Quark den Rücken und latschte beleidigt davon. Inzwischen kreisten die Raben über dem Mädchen und dem Kleinriesen.
»Krah, krah«, riefen sie wieder »was wollt ihr da?«
»Ich will zu Odin!« sagte Roskva entschieden.
Da lachten die Raben. Sie lachten so sehr, daß sie sich im Fluge überschlugen. Mißtönend schrien sie:

»Nie hat einer ungebeten
Odins Hallen je betreten!«
»Nie kam einer ungerufen
Bis an Odins Thronesstufen!«

»Das werden wir ja sehen!« rief Roskva wütend.
Die Raben blickten einander an und landeten auf Quarks und Roskvas Köpfen. Sie waren jetzt zugänglicher, nannten sogar ihre Namen: Der eine hieß Hugin, der andere Munin. Doch das kümmerte Roskva weniger. Sie wiederholte ihre Forderung.
Der Rabe Hugin, der auf Quarks Kopf gelandet war, stand auf einem Bein und kratzte sich mit den Krallen des anderen Beins im Nacken, daß die Federn flogen.
»Du magst ja ein nettes Mädchen sein, Roskva«, lispelte der Rabe Hugin. »Aber dein Wunsch ist unerfüllbar.«
»Krah!« nickte der Rabe Munin auf Roskvas Kopf.

»Aber ich muß mich über die Götter beschweren!« beharrte das Mädchen. »Besonders über Loki. Er hat uns unglaublich behandelt!«
»Hng, hng, hng!« gluckste Quark.
Die Raben überlegten.
Hugin sagte: »An sich darf der Götterkönig Odin nur dann gestört werden, wenn der Lebensbaum umfällt...«
»...oder wenn ein betrunkener Gott den Mond klaut«, fügte der Rabe Munin hinzu.
»Wenn Loki Menschenkinder wie Dreck behandelt, ist das auch schlimm!« fauchte Roskva.
»Hm, krah, hmmm...« Die Raben sahen einander mit schiefgelegten Köpfen an, ließen die Schnäbel klappern und berieten in der Rabensprache:
»Krah, naja, waaa? Klar! Hähähähähä, jäjäjäjäjä! Wahr, wahr, wahr...!«
Danach ergriff Hugin das Wort:
»Der König der Götter spielt mit seinem Unterhalter Mymir gerade Schach. Aber da Loki häßlich zu dir war, Roskva, werden wir dich ausnahmsweise zu ihm geleiten, damit du deine Beschwerde vorbringen kannst! Folge uns...!«
Von unsichtbarer Kraft bewegt, öffneten sich die beiden Teile der himmelhohen Pforte, und Roskva ging in den

vordersten der tausend goldenen WALHALLA-Höfe hinein.
QUARK stapfte munteren Schrittes neben ihr her.
Ooooooooh, welch staunenswerte Pracht umgab die kleinen Besucher! Hier hatten magische Gewalten aus den Gold-Silber- und Edelstein-Opfern der Wiking-Seefahrer Burgen gebaut, viele, viele Burgen, die sich in der Höhe und der Weite verloren, und deren Wände die Augen blendeten.
Roskva kam sich sehr, sehr winzig vor – mit dem noch

winzigeren QUARK an ihrer Seite. Und klein wie Mücken wirkten die Raben zwischen den herrlichen Mauern.
Die Raben Hugin und Munin schwebten dem Eingang der Ruhmeshalle zu, in der Odin, der König aller Götter, auf seinem Thron saß. Sie krächzten:

»Wir werden Odin stören,
Denn er soll Roskva hören...
Krah, krah,
Ja, ja...«

Und damit bogen sie in die Ruhmeshalle ein.
Roskva aber blieb mit Quark an der Schwelle des Portals stehen, das so groß war, als erwarte man hier gelegentlich einen Haufen Sterne zu Besuch. Die Ruhmeshalle, ach, Kinder – wie soll man die beschreiben? Die Ruhmeshalle, ein Götterbahnhof für sämtliche Wind- und Wolkenzüge über Midgard und den sieben Meeren!
In der Ferne, an der Stirnwand der Halle, ragte die Lehne des Königsthrons endlos, endlos empor.
Roskva faßte sich ein Herz und eilte mit QUARK auf den Herrschersitz zu. Ja, da saß er im geisterhaften Licht, Odin, der Unnahbare, Fürst aller Fürsten WALHALLAS, Gottkönig von Asgard, Midgard, Udgard und den schäumenden Wassern.

Gelassen, fast reglos, blickte er auf das Schachbrett. Er verfügte nur noch über sein rechtes Auge. Das linke, über dem das Lid geschlossen war, hatte er vor vielen Menschenaltern im Kampf gegen den Riesen Optikus verloren.

Quark stapfte laut auf und guckte umher, als sei er im Zirkus und nicht in der Ruhmeshalle, und Roskva mußte ihn mehrmals am Hosenbund zurückhalten, damit er nicht zu den Figuren auf dem Schachbrett sprang. Die Spielfiguren waren zwar wunderhübsch geschnitzt und bemalt, doch sie bewegten sich wie lebendige Wesen. Das interessierte unseren Kleinriesen natürlich tausendmal mehr als der Gebieter von Walhalla.

»Halt!« befahl Roskva dem neugierigen Quark.

Sie blieben in respektvollem Abstand stehen und warteten, denn der Rabe Hugin hatte sich auf Odins Haupt gesetzt. Er flüsterte ihm ins Ohr, daß das Erdenmädchen ihn zu sprechen wünschte.

Der Rabe Munin flog derweil um Roskva und Quark herum und lispelte:

»Wir haben euch hierher gebracht,
Doch seid gescheit, nehmt euch in acht,
Nehmt euch in acht... nehmt euch in acht...!«

Der König der Götter saß auf seinem Thron und schien die Stimme des Raben nicht zu hören. Er war ein furcht- und ehrfurchtgebietender Herrscher, Odin, der Herr von WALHALLA, mit seinem schneeweißen, schimmernden Edelbart und seinem Weißhaar, das die Schultern wie ein Königsmantel umwallte.

Jedes Menschenkind hätte sich bei seinem Anblick vor Staunen auf den Po gesetzt. Doch Roskva war ein beherztes Mädchen. Sie sah vertrauensvoll zu ihm auf. Und der freche QUARK fürchtete sowieso weder Riesen noch Götter.

Nur der Typ, gegen den Odin die Schachpartie spielte, gefiel Roskva nicht.

»Der ist mir unheimlich!« raunte sie QUARK ins Ohr. QUARK verstand Roskvas Worte sehr gut. Er rollte seine putzigen Kulleraugen nach links und betrachtete Odins Schachpartner aufmerksam:

Das war kein richtiges Wesen, das war nur ein Kopf. Ein Kopf! Ein Männerkopf mit schütterem Haar und rötlichen Augen, schiefmäulig und großohrig. Direkt aus seinem Hals ragten Krallenfinger, mit denen er sich an einem dicken Buch auf einem Pult festhielt. Dieses Monster war Mymir, Odins Berater. Die Raben hatten am Eingang schon von ihm gesprochen. Odins klügster Kopf

benötigte keinen Körper, dafür war er ja schließlich der »klügste Kopf«! Was brauchte er mehr?
Doch solche Feinheiten waren Roskva fremd. Und QUARK hielt Mymir für einen Jux, genau wie die – allerdings viel kleineren – Schachfiguren. Kopf Mymir raunte seinen Figuren zu, wie sie sich bewegen sollten, damit Odin gewinnen konnte. Mymir ließ Odin stets gewinnen. Seht ihr: So klug war der Kopf!

Odin blickte nicht auf. Die weißen Wimpern über seinem sehenden Auge blieben über das Schachbrett gesenkt.
Einst war Odin auf schnaubendem Roß an der Spitze seiner Götter in wilder Jagd durch WALHALLA, Midgard und Udgard gebraust. Er hatte die Riesen der Unterwelt wie Hasen gejagt und im Galopp über den sieben Meeren die schreckliche Midgard-Schlange erzittern lassen.
Odin war der Ruhmvollste der Ruhmvollen.
Neuerdings aber widmete er sich den Büchern – was heutzutage jedes Kind schon mit fünf, sechs Jahren tut –, und er schrieb sogar Gedichte. So galt er auch als »Dichterfürst«. Er badete förmlich in Gedanken. Darum spielte er so gedankenvolle Spiele wie Schach. Und weil seine Gedanken auf das Brett gerichtet waren, hörte er Roskva nicht.
»Entschuldigen Sie bitte vielmals, Herr Odin«, begann das Mädchen, »wir hofften, Sie hätten ein wenig Zeit... für... für unser kleines Problem...«
Stille.
Der König der Götter lenkte mit Auge und Hand seine Schachmannschaft, und Mymir (der Kopf ohne Körper) wisperte seinen Spielern zu, welche Züge sie tun sollten, um gegen Odin zu verlieren. Wer von den Figuren, ob Turm, ob Springer oder Bauer, aus den Feldern geschmis-

sen wurde, eilte von selbst in ein Schmuckkästchen und feuerte über dessen Rand die Verbliebenen an.

»Herr König Odin von WALHALLA im Götterland Asgard!« rief Roskva ungeduldig. »Ich bin dabei, Ihnen etwas zu sagen!«

»QUARK!« bekräftigte QUARK.

Da erst bemerkte Odin den Raben auf seinem Haupte, der ihm ja schon längst etwas geflüstert hatte; er verscheuchte ihn mit einem so gewaltigen Schlag, daß der Vogel federnlassend floh und sich zu seinem Kollegen auf eine ferne Vorhangstange setzte.

Odin vertiefte sich wieder in das Schachspiel. Roskva stemmte die Hände in die Hüften und schnappte nach Luft.

»Herr Odin, Gott Odin, König Odin, Götterkönig Odin!« rief sie empört. »Sind Sie taub, daß Sie mich nicht hören? Meine Mutti hat mich zur Höflichkeit erzogen. Ich habe mir auch vorgenommen, so bescheiden wie möglich zu sein. Aber Sie machen's einem wirklich schwer –«

Roskva wurde unterbrochen. Eine Seitentür sprang auf, und ein Wächter stürmte in die Halle. Er raufte sich den Bart, schwang seinen Knüppel und schrie:

»He, ihr beiden! Ihr zwei Winzlinge, da! Was sucht ihr hier...?«

Er richtete seine zornigen Augen auf Roskva und QUARK. Der Knüppelmann hieß Rolf. Er war Odins Rausschmeißer.
Roskva konnte sich nicht verteidigen, denn der Rausschmeißer Rolf schrie immer weiter, immer lauter:
»Wißt ihr nicht, daß dies die Ruhmeshalle Odins ist, die kein Menschenfloh betreten darf...?«
Er brüllte sich mehr und mehr in Wut, der Rausschmeißer Rolf. Der Mund in seinem zinnfarbenen Knisterbart stieß Laute aus, deren Echo seinen Helm ins Wanken brachte:
»Wie seid ihr an mir vorbeigekommen? Niemandem ist es erlaubt, den erhabenen Odin zu stören. Haaaa....!!!!«
Sein Blick blieb auf QUARK haften:
»Ist das...«, schluckte er, »ist das etwa der freche Zwergriese aus Udgard......??????«
»Hng, hng, hng«, lachte QUARK.
Der Rausschmeißer Rolf heulte wie zehn wütende Hunde.
»Auf dich hab' ich gewartet...!!!« tobte er. »Haaaaaa, abuuuuuu, wuwuuuuuu...!!! Du Schnickschnack, Pickpack, Rucksack, Läuseknack...!!! Du Quick-QUARK, Falschmark, trübe Rübe...!!! Dir werd' ich's zeigen! Mein Stock soll deinen Buckel geigen......!!!!!!«
Er griff QUARK am Hosenbund, hob ihn auf und klopfte mit seinem Knüppel auf QUARKS Hinterteil ein.

Roskva war vor Entsetzen starr.
Aber QUARK grinste vergnügt, denn der Knüppel tat dem Kleinriesen nicht weh. Dafür fürchteten sich die Schachfiguren. Sie liefen angstvoll auf dem Spielbrett hin und her. Einige sprangen sogar in ihre Verwahrungskiste.
»Du Riesenmaus, du Mauseriese!« rief Rolf, auf QUARK einhauend. »Schmeckt mein Stöckchen, he…???«
Nun richtete sich der König aller Götter auf, ließ sein gesundes Auge mächtig zucken und gebot mit orgelnder Stimme:
»Rrrrrrruuuuuuhhhhhheeeeee……!!!!!!«
Der Knüppelmann warf QUARK von sich, und QUARK stellte sich schnell wieder neben Roskva.
»Du kannst gehen«, befahl Odin dem Rausschmeißer Rolf. Dann wandte er sich Roskva zu: »Nun, Mädchen? Du kommst mit deinem Begleiter in meine Ruhmeshalle und wagst es, *mich*, den König der Götter, zu stören?« Sein Ton war ruhig und wohlklingend, und sein eines Auge glänzte gütig.
»Ja, Herr Odin, es ist nämlich so«, begann Roskva, »wir müssen uns leider über einige Leute… äh … Götter beschweren. Besonders über diesen Schuft… ich meine diesen Gott Loki. Er hat meinen Bruder Tjelfe arglistig nach WALHALLA gelockt und ihm Ruhm und fette Beute

versprochen. Mir war das gleich unheimlich, und so schlich ich mich mit ein. Die Babypflege bei Thors Frau Sif macht mir ehrlich Spaß, das muß ich zugeben. Die Babys sind ganz süß – und Sif ist eine feine, liebe Götterfrau. Aber mein Bruder Tjelfe muß Thor und Loki alle Drecksarbeit machen, und, natürlich, ich auch – wenn es dem tückischen Herrn Loki so gefällt. Loki hat QUARK aus Udgard mitgebracht, na ja, ich gebe zu, QUARK findet sich bei den Göttern nicht so zurecht, aber er kann doch nichts dafür. QUARK ist QUARK. Loki hätte sich mehr um ihn kümmern müssen. Aber weil er zu faul dazu war, ich meine: Loki, kam es zu dem großen Krach. Sif lief mit den Babys weg, Thor zertrümmerte die Donnerwohnung – und wer mußte alles saubermachen und aufräumen? Mein Bruder Tjelfe und ich! Was haben wir uns abgerakkert, Herr Odin! Und als die ganze Bude wieder okay war, äh, tiptop in Ordnung, – was soll ich Ihnen sagen? Da schleicht doch dieser Loki in die Küche, macht eine Riesenschweinerei, nur so, aus Gemeinheit, und behauptet, wir hätten halbe Arbeit geleistet! Wie finden Sie das? Er befahl Tjelfe und mir, noch mal von vorn anzufangen, denn es wäre unsere Schuld, nicht seine. Na, und da haben wir ihm einen Vogel gezeigt, und er hat uns in die Abstellkammer geschmissen...«

So redete und redete Roskva unerschrocken. Sie nahm kein Blatt vor den Mund, beschönigte nichts, und Odin, der König der Götter, hörte ihr schweigend zu.

Es wäre vielleicht auch alles gutgegangen, wenn der Kopf auf dem Pult nicht gewesen wäre, Mymir, der »kluge Kopf«, Odins Berater und Partner im Schachspiel. Roskva hatte QUARK anfangs zugeflüstert, der Kopf ohne Körper sei ihr unheimlich. Das hatte QUARK wohlverstanden. Und während das Mädchen auf den Götterkönig Odin einsprach, wischte QUARK einige Schachfiguren beiseite und guckte sich den Kopf näher an.

»Was machst du mit den Schachfiguren?« ärgerte sich Mymirs Kopf – oder Kopf-Mymir. »Es ist sowieso unverschämt, hier einzudringen und die Partie zu stören. Scher dich weg, du Wanze!«

»Hng, hng, hng!« lachte QUARK. Er pustete über das Brett, so daß eine Schachfigur ins Kreiseln geriet und beinahe in seinem QUARK-Maul landete.

»Halt, halt!« krächzte Mymirs Kopf. »Pfui, du Gnom!« Da Mymir keine Beine hatte, um nach QUARK zu treten –

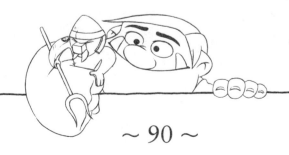

und auch keine Arme, um sie nach ihm auszustrecken, wehrte er Quark ab, indem er nach ihm spuckte.
»Ptui..., ptui...«, spie Mymir. Und er schmipfte: »Laß die Figuren in Ruhe! Nimm deine Käsepfoten vom Schachbrett! Verschwinde! Verschwinde! Verschwinde, wie die Wurst im Spinde......!!!!!!«
Da nahm Quark den Mymir-Kopf vom Pult und warf ihn in die Luft. Der Kopf mit den angewachsenen Krallenhänden drehte sich wie ein hochgeschossener Fußball, so daß Mymirs Nase in einem einzigen Augenblick nach oben, unten und nach allen Seiten zugleich in die Halle zu ragen schien.
»Hilfe...!!!« schrie der Kopf.
»Hng, hng, hng!« lachte Quark. Quark hatte natürlich genau mitgekriegt, daß Mymir ihn beleidigen wollte. Und beleidigen ließ sich Quark nicht gern. Eher verhauen, denn Haue tat ihm nicht weh.
»Stell mich aufs Pult...!!!« kreischte Kopf-Mymir. »Du Riesenratte —«
Batsch...!!!
Von neuem schleuderte Quark den Kopf mit dem gehässigen Maul in die Höhe.
»Hng, hng, hng!« gluckste Quark.
Der Kopf aber trudelte in der Luft herum und schrie und

schrie: »Mir ist schwindlig, mir ist schwindlig, mir ist schwindlig...!!!« Und die Schachfiguren rannten toll vor Angst über das Brett und hüpften in ihren Kasten.
»Bumms...«, machte Mymirs Kopf, als er wieder auf dem Pult landete. Doch jetzt beendete Odin das Treiben.
»Genug...!!!« rief er, sich von Roskva abwendend. Und als er gar sah, daß dem erschöpften Mymir die Zunge zum Mund heraushing, da packte den König aller Götter der große Zorn. Ohne zu bedenken, daß er Roskvas Beschwerde nicht ganz gehört und keine Spur einer Entscheidung getroffen hatte, erhob Odin seine Stimme zum Brausen einer Orgel und öffnete sein eines Auge furchterregend weit.
»Hinaus mit euch......!!!!!!« befahl er Roskva und QUARK. »Hinaus mit euch......!!!!!!«
Der Rausschmeißer Rolf kam hereingestürmt, packte die beiden, indem er seinen Knüppel unter den Arm klemmte, und trug sie pfeilgeschwind zum Festungstor.
Huiiiiii...... Krach!
Ehe Roskva und QUARK es sich versahen, flogen sie im Riesenbogen durch die Luft, während die himmelhohe Pforte der WALHALLA-Königsburg hinter ihnen zuknallte.
Da saßen sie nun – und guckten sich dumm an.
Roskvas tapferer Versuch war abgeschmettert worden...

Das Baumhaus

Die Raben Hugin und Munin kreisten über QUARK und Roskvas Köpfen. Sie krächzten:

»Nun sitzt ihr vor der Tür!
Wir können nichts dafür...!«

Wütend blickte Roskva hoch. »Ich weiß, ich weiß! Ihr braucht das nicht in alle Winde zu posaunen!« Sie klopfte sich den Sand aus dem Rock, während QUARK auf den Händen um sie herum hüpfte.
»Hng, hng, hng«, grunzte der Zwergriese munter. Der Besuch bei Odin war für ihn nur so eine Art Kasperletheater gewesen.
Tjelfe, der wohlweislich nicht mit in die Festung gegangen war, kam herbeigeschlendert. »Na?« fragte er. »Was habt ihr erreicht?«
»Tu nicht so, als ob du das nicht wüßtest«, antwortete Roskva. »Wir sind achtkantig rausgeflogen, das hast du ja wohl gesehen.«
»Das habe ich sogar schon vorher gewußt, bäh!« rief

Tjelfe. »Deshalb bin ich ja gar nicht erst mitgekommen.«
»Ganz schön feige von dir«, ärgerte sich die Schwester. »Du hättest uns helfen können.«
»Feige oder nicht – was sollte ich tun, solange der Giftzwerg dabei war? Der hat nur Unfug im Kopf und vermasselt alles. Gib nur zu, daß du seinetwegen rausgeflogen bist!«
»Na, ja«, mußte Roskva gestehen. »QUARK hat sich nicht eben benommen wie der artigste Junge auf einem Kindergeburtstag. Im übrigen ist er ein Zwergriese – und kein Giftzwerg. Merk dir das!«
»Wer dauernd Unsinn ausschwitzt, ist gefährlicher als Gift!« rief Tjelfe erbost. »Und ein Riesengehirn kann keiner haben, dem man nichts als Rausschmisse verdankt!«
»Schimpf nicht immer auf ihn«, verwahrte sich Roskva, den Arm schützend um QUARK legend. »Er kann nichts dafür. Er hat keine Übung im Umgang mit Menschen und Göttern.«
»Immer feste! Verteidige ihn!« rief Tjelfe erbost. »Ich bleibe dabei: Nur QUARK ist daran schuld, daß wir hier herumstehen wie die Primeln. Wenn er bei Thor nicht 'ne QUARK-Schau abgezogen hätte, wär' der ganze Götterkrach erst gar nicht passiert.«

»Du vergißt Loki«, sagte Roskva. »Bevor du nur *einen* Vorwurf gegen den armen QUARK erhebst, ärgere dich lieber *dreimal* über Loki! Über Loki, über Loki – und wieder über Loki!«

»QUARK, QUARK, QUARK, Loki, Loki, Loki...!« äffte der Bruder die Schwester nach. Dann sagte er:

»So. Nun gehen wir zurück nach BILSKENER und warten auf Thor. Ich liebe den Donnergott, er ist mein großes Vorbild, ich will einst den Hammer schwingen lernen und Gewitter machen!«

»Du meinst, den Besen schwingen und saubermachen?!« höhnte Roskva. »Von wegen ›Hammer‹ und ›Gewitter‹! Du darfst im Keller das Beil schwingen und Brennholz spalten. Eh' du wirst wie Thor, hast du Lokis Regenbogen tausendmal geputzt. Und zuletzt darfst du Lokis Stiefel mit deinem Opa-Bart polieren. Nein, nein, Brüderchen: Das schmink dir ab. Bei Thor bist du Knecht und bleibst du Knecht, bis du schwarz wirst.«

Sie wandte sich ab und wanderte mit QUARK auf den Wald zu.

»Halt!« schrie Tjelfe. »Wo willst du hin?«

»Jedenfalls nicht wieder in die Nähe von Loki«, rief Roskva. »Keine zehn Gewitterziegen bringen mich je wieder zu Thors Burg.«

Wohl oder übel lief Tjelfe der Schwester und QUARK hinterher. Allein wollte er Thor nicht unter die Augen treten, aber er mochte auch Roskva nicht allein durch den riesigen Wald gehen lassen.

»Ich suche einen Weg nach Midgard, zum Tal der Eltern«, erklärte Roskva.

»Hm«, überlegte Tjelfe, während sie mit QUARK zwischen den Baumstämmen dahinstapften. »Die Eltern glauben, bei den Göttern führen wir ein göttergleiches Leben. Du hattest ihnen doch verraten, daß du dich auf dem Donnerwagen verstecken und mit mir nach WALHALLA reisen würdest?«

»Klar«, erwiderte Roskva. »Vater und Mutter wissen, wo wir sind.« Sie verbesserte sich: »Wo wir waren.«

»Und du meinst, wir finden den Weg zu den Eltern, auch wenn uns niemand einen Regenbogen hinunter nach Midgard spannt?«

»Wir müssen es eben versuchen«, sagte Roskva trotzig.

»Na, dann – viel Vergnügen!« maulte Tjelfe.

Roskva blieb stehen. »Was soll das heißen: ›Viel Vergnügen‹?« fragte sie scharf.

Tjelfe stemmte die Hände in die Hüften. »Ja, glaubst du denn, Vater und Mutter sind begeistert, wenn wir mit QUARK bei ihnen auftauchen?«

»QUARK ist lieb, und er kann unserem Vater beim Holzfällen helfen«, behauptete Roskva.

»Hihihi«, kicherte Tjelfe. »Daß ich nicht lache! QUARK und ›helfen‹! Bisher hat er immer nur geholfen, einen Quark nach dem anderen zu machen.«

»Er wird unterwegs lernen. Wir bringen ihn auf Vordermann.«

»Roskva!« beschwor Tjelfe die Schwester. »Du spinnst! QUARK haut den Eltern die Bude kaputt! Er schmeißt unseren Hund aufs Dach, stellt unsere Kuh auf den Kopf und frißt unseren Hühnern die Federn vom lebendigen Leibe. Und die Eier, die wir so nötig brauchen, wirft er nach dem Mond!«

»Das werden wir sehen!« widersprach Roskva. »Man muß nur nett zu QUARK sein, dann ist er sehr nützlich.«
»Der...?« Tjelfe deutete auf den grinsenden kleinen Burschen. »Der soll nützlich sein? Dieser Mistzwerg...???« Da sprang QUARK hoch und biß Tjelfe in den ausgestreckten Zeigefinger.
»Auuuaaa.......!!!« schrie Tjelfe. Er schüttelte die Hand mit dem schmerzenden Finger und hüpfte um einen Baumstamm herum. Dann blieb er vor Roskva stehen: »So, liebe Schwester. Das reicht mir! Such dir deinen Weg allein durch den Wald. Meinetwegen nimm QUARK Hukkepack oder stell ihn dir auf den Kopf. Mir soll's recht sein. Ich aber gehe zurück zu Thor und werde sein Donnergehilfe, wie er's mir versprochen hat!«
Und damit machte Tjelfe kehrt und stapfte zwischen den Büschen davon...
»Da geht er hin...«, murmelte Roskva verblüfft. Zorn stieg in ihr hoch, Zorn auf QUARK, weil er den Bruder gebissen hatte. Sie holte aus, und...batsch!... gab sie QUARK eine tüchtige Ohrfeige.

Quarks Augen wurden faustgroß. Sowas war er von Roskva nicht gewohnt. War das etwa ein neues Spiel? Batsch... haute Quark zurück, so daß das Mädchen auf den Po flog.
Nun waren beide erschrocken.
»Hu, hu, huuu...«, weinte Roskva, und ihre dicken Tränen tropften ins Gras. »Hu, hu, huuu...«
Quark rieb sich das Kinn und starrte seine kleine Freundin an. Sie heulte und heulte und heulte. Sie hörte nicht auf, zu heulen.
Was jetzt...???
Quark erinnerte sich an die Götterbabys, die durch Schnuller zum Schweigen gebracht worden waren. Rasch zog er einen Lappen aus der Hosentasche, drehte ihn zu einer Kugel, befestigte ein Stück Holz daran und stopfte Roskva den Mund.
Voll freudiger Hoffnung wartete er auf den Erfolg.
Aber, ach!
Roskva spuckte das Ding weit von sich, schrie vor Ekel auf und schlug die Hände vors Gesicht. Schluchzen schüttelte ihren ganzen Körper.
Quark bekam es mit der Angst. Irgendwie mußte er Roskva beruhigen, sie wieder fröhlich machen, ihr seine Freundschaft beweisen! Er rannte in seinem quarkigen

Wackelschritt auf der Waldwiese umher, sprang von Blume zu Blume, schnupperte an jeder Blüte, an jedem Kelch, um Wohlgerüche zu erspüren.
Wwwwwwwwwww, wwwwww......, umsummten ihn wilde Bienen.
Ha! QUARK riß die Augen auf und faßte sich an die Stirn: Bienen! Bienen bedeuteten köstlich süßen, goldgelben Honig, das wußte QUARK. Und er wußte auch, daß Roskva schrecklichen Hunger hatte! Honig! Honig mußte er dem Mädchen bringen! Dann würde ihr Tränenstrom versiegen – und alles wäre wieder gut!
Es war für QUARK nicht schwer, das Gehäuse, den »Korb« der wilden Bienen zu finden. Diese kleine »Honigfabrik«, die wie ein Fäßchen aussah, klemmte er sich unter den linken Arm. Mit dem rechten Daumen tauchte er in das Ein- und Ausflug-Loch der Bienen ein, und schleckte mit seiner breiten Zunge den himmlischen Klebesaft.
Daß die Bienen sich darüber ärgerten, kümmerte QUARK nicht. Er nahm einen Pilz, entfernte die Kappe vom Stiel, drehte sie um und benutzte sie als Schale: Dahinein goß er randvoll den Honig und eilte zu Roskva zurück.
»Hng, hng, hng, da, da, da...!!!« rief er aufgeregt.
Roskva, noch immer am Boden liegend wie sie gefallen war, blickte hoch. Sie sah QUARKS liebevolle Augen und

seine blitzenden Eckzähnchen, vor allem aber sah sie den sonnigen, wonnigen Honig in der Pilzkappe.
»Oh, Quark...!« rief sie, als sie gekostet hatte. »Oh, wie süß, wie süß schmeckt das! Und wie lieb, wie lieb ist deine Sorge um mich!«
Mit jedem weiteren Schleck-Schluck röteten sich ihre Wangen mehr, bis sie wieder ganz gesund und munter aussah. Zuletzt sprang sie auf, umarmte Quark und schwor:
»Wir wollen Freunde bleiben, Quark, was auch geschehen mag!«
»Hng, hng, hng!« nickte Quark eifrig. »Hng, hng, hng!«
Er trug Reisig zusammen, schlug Funken aus Feuersteinen und lies kleine Flämmchen züngeln, damit Roskva nicht fror. Mittlerweile setzte die Dämmerung ein.
Das Mädchen nahm den Zwergriesen bei den Händen und tanzte mit ihm um das wärmende Feuer herum. Dabei sang sie mit heller Stimme:

>»Wir hopsen zu Zweien
>Im Ringelreihen...
>Wir drehn uns im Kreise
>Zur Vogelsang-Weise...
>Wir tangeln auch Tingel

Und ziehn dabei Kringel...
Wir tanzen ganz stark:
Wir, Roskva und QUARK...«

»Hng, hng, hng«, lachte QUARK. Er warf die stämmigen Beinchen hoch und sprang Roskva mehr als einmal über den Kopf. Dann wälzten sie sich vor Lachen, faßten sich von neuem bei den Händen und tanzten weiter...

Roskvas Bruder Tjelfe war nicht so vergnügt, wie sich versteht. Er hatte keinen Muntermacher neben sich, als er durch den großen Wald stapfte und den Rückweg nach WALHALLA suchte. Es wurde dunkel. Ihn fror. Auf seine schmalen Schultern drückte eine unsichtbare Sorgenlast. Vor sich sah er im Mondschein einen See blinken. Er blieb am hohen Ufer stehen und schaute auf die Silberfläche hinunter.

Schon aber kreisten wieder die beiden Raben über ihm, und diesmal krächzten sie besonders unheimlich und bedeutungsschwer:

»Guten Abend, junger Mann, hähä, kräh, kräh... Du willst zurück zu Thor, um ein Held zu werden? Hähä, kräh, kräh! Hast du auch alles gut bedacht, hähä, kräh, kräh...???«

Da begann die Fläche des Sees zu schaukeln. Und wie riesige Abziehbilder erschienen Loki, der Rachen der Midgard-Schlange und spiegelnde Monster vor Tjelfes Augen.

»Das alles erwartet dich, wenn du ein Held werden willst, junger Freund!« höhnten die Raben. »Hast du vergessen, daß du für Loki nur ein Schmutzeputz bist?«

Tjelfe schauderte.

Aber nun änderten die Raben ihren Ton und redeten ihm ins Gewissen:

»Du bist ein Junge, Tjelfe!
Ein Mensch! Ein Mensch
darf nie vergessen, daß es einen
anderen Menschen gibt,
der ihn braucht...«

Die spiegelnden Gesichter auf dem See verschwanden. Statt dessen sah Tjelfe Roskvas Abbild schimmern. Und die Raben raunten:

»Roskva braucht dich...
Roskva braucht dich...
Roskva braucht dich...
Roskva braucht dich...
Roskva braucht dich...
Roskva braucht dich...«

Tjelfe reckte sich. Die Raben waren sehr, sehr klug. Sie mußten es ja wissen. Und wenn *sie* meinten, Roskva brauche ihn, dann war das schon ein Ritterschlag! Da konnte er sich ja gleich bei ihr als Beschützer erweisen. Und was ist ein Beschützer anderes als auch-ein-Held...???

Ehe Tjelfe umkehrte, um zu Roskva zurückzueilen, glaubte er noch, seinen geliebten Donnergott auf dem Wasserspiegel zu sehen:

Thor zwinkerte Tjelfe zu und schwang aufmunternd die Faust mit dem Hammer, als wollte er sagen:

»Die Raben haben recht, Junge! Geh hin und beschütze Roskva, so, wie ich meine Frau Sif und die Donnerbabys beschütze... Also, bis später...!!!«

Um Roskva zu trösten, brachte ihr Quark köstlichen, sonnigen Honig von wilden Bienen.

Endlich hörte Tjelfe das Lachen von Quark und Roskva auf einer Lichtung. Er war so glücklich die beiden wieder gefunden zu haben!

Tjelfe tat einen Luftsprung. Das war Spitze! Natürlich, er, Tjelfe, konnte überall seinen Mut beweisen. Dazu brauchte er nicht erst nach WALHALLA! Da genügte es allemal, seiner kleinen Schwester in diesem unheimlichen Wald beizustehen! Klar! Nur sonderbar, daß er nicht eher daran gedacht hatte.
Breitbeinig wie Thor persönlich stand Tjelfe am Ufer des Sees. Und er sprach über das Wasser – aber auch zu den Raben in der Höhe:
»Ich werde Roskva behüten, Donner und Doria! Wenn ich bei ihr bin, wird sich nicht einmal die Midgard-Schlange trauen, ihren Kopf über die Wellen zu erheben! Wo auch immer sie ist! Das sagt euch Tjelfe...!!!«
Noch einmal reckte Tjelfe seinen Arm, so, wie er es bei dem verehrten Thor gesehen hatte. Dann machte er kehrt, stark im Herzen, schnell im Schritt und findig wie eine Fledermaus.
Alsbald sah er Feuer durch das Buschwerk schimmern. Und er hörte QUARK und Roskva lachen. Das war Musik in seinen Ohren, Kinder!
So erleichtert war Tjelfe noch nie in seinem jungen Leben gewesen...

Tjelfe schlief bei Roskva und QUARK neben der Feuer-

stelle. Am Morgen weckte ihn das Zwitschern der Vögel. Er rieb sich die Augen, stand gähnend auf und ging zum Bach, um sich zu waschen. Roskva sprang bereits fröhlich umher und pflückte Blumen.
»Hallo, Schwesterchen«, rief Tjelfe. »Wo ist QUARK?«
»Der sucht Himbeeren und Blaubeeren zum Frühstück«, erwiderte Roskva. »Und du? Bist du zu uns zurückgekehrt, du großer Jägermeister?«
»Spotte nicht«, sagte der Bruder ernst. »Ich habe mir nur gedacht... äh... es fiel mir ein, daß du männlichen Schutz brauchst... aäh, hm... Es ist nicht gut, dich mit dem... äh... Wicht allein zu lassen.«
»Mit QUARK?« Roskva lachte. »Der ist okay. Aber ich finde es toll von dir, daß du wieder da bist!«
Und sie gab dem Bruder einen Kuß auf die Nase.
Nach dem Frühstück tanzte QUARK mit sich alleine um das erloschene Feuer. Was ihm Roskva beigebracht hatte, begeisterte ihn. Er drehte sich, wiegte sich in den dicken Hüften, wedelte mit den Armen und sang dazu:

»Hng, hng, wum-wumba, der Quark tanzt Rumba...«
»Laß ihn«, sagte Tjelfe. »Ich habe etwas mit dir zu besprechen.« Er trat mit Roskva zwischen den Büschen hindurch auf eine Lichtung. »Hör zu, Roskva. Bevor wir zu den Eltern wandern, sollten wir uns genau überlegen, wie wir Quark loswerden.«
»Ich will ihn aber nicht loswerden!« rief die Schwester, mit dem Fuß aufstampfend. »Er ist mein Freund!«
»Nun fang nicht an, zu heulen«, lenkte Tjelfe rasch ein. »Meinetwegen bleiben wir erst einmal 'ne Weile zusammen. Ich hab' eine Idee: Wir machen große Ferien –«
»Ferien...???« unterbrach Roskva mit einem Jubelschrei.
»Ja. Dann haben wir genug Zeit, Quark ›Benimmse‹ beizubringen. Und –«
Wieder fiel die Schwester Tjelfe ins Wort:
»Ferien! Hei, prima, prima, heissassah! Aber wo? Und wie...???«
Tjelfe deutete auf eine schöne, große, weit verzweigte Linde inmitten der Lichtung. »Wir bauen uns da oben ein Baumhaus!«
»Ein Baumhaus...!« Roskva quietschte vor Freude.
Dann standen sie beide stumm, blickten in die wunderbare Krone der Linde, und jeder stellte sich sein »Wunsch-Baumhaus« vor. Das Mädchen sah im Geiste ein rotes,

goldverziertes Schlößchen in den Zweigen, eines, das die Waldvögel umschwirren und bestaunen würden:
»Kiwitt, kiwitt, piep-piep, piep-piep...! Da wohnt das Fräulein Roskva aus Midgard! Sie hat das schönste Haus der Welt, piep-piep...!!!«
Tjelfe aber reckte sich wie Thor, und er sah bereits im Geäst der Linde *sein* Baumhaus, das dem Leuchtturm seines geliebten Donnergottes in WALHALLA glich. Und er dachte daran, wie ihn die Raben beneiden würden:

»Krah, krah...! Sieh da, sieh da...!
Der Tjelfe, dieser Menschenwurm,
Der wohnt jetzt in dem Baumhaus-Turm!
Krah, krah, krah, krah – la-lalla,
Er schuf sich *sein* WALHALLA...!!!«

Aber ach! Was nützten die schönsten Pläne, wenn es an Werkzeug mangelte? Die Kinder standen und überlegten. Da kam QUARK herbeigehüpft und guckte mit ihnen in die Baumkrone empor. Tjelfe beachtete ihn nicht. Was verstand der Zwergriese schon von Baumhäusern?!
»Wir müssen abgeknickte Zweige von anderen Bäumen in die Lindenkrone hinaufschaffen«, murmelte Tjelfe, sich am Kopf kratzend.

»Wie denn?« zweifelte Roskva. »Das Holz, mit dem wir bauen, muß zurechtgeschnitten sein. Dazu brauchst du eine Säge!«

»Ach, leicht! Wir suchen uns Bruchstücke, die der Sturm in die Wiese geworfen hat. Schau: Da liegt eine ganze Astgabel. Die können wir gleich nehmen!«

QUARK tanzte grunzend und brummend, schnurzend und summend über ihre Füße, während sie auf die Astgabel zustrebten.

»Weg da!« befahl Tjelfe. »Tanz jetzt gefälligst woanders, meinetwegen auf dem Mond. Wir haben zu tun. Wir bauen uns ein Baumhaus...!«

QUARK ließ sich willig verscheuchen, und die Geschwister machten sich an die Arbeit.

Doch so sehr sie an der Astgabel ziehen und zerren mochten, es gelang ihnen nicht, sie auch nur einen Fingerbreit von der Stelle zu rücken.

»Puh...«, seufzte Roskva. »Eine Heidenarbeit! Wenn du wenigstens deine kleine Axt aus Midgard dahättest!«

»Und wenn du nur nicht so klug reden würdest«, murrte der Bruder. »Wir werden es schon schaffen.« Und er spielte mit seinen müden Muskeln, wie er es bei Thor gesehen hatte.

»Machen wir uns nichts vor«, sagte die praktische Schwe-

ster kleinlaut. »Was nicht geht, das geht eben nicht. Geben wir's auf!«
»Nnnneeeiiinnn...!!!« beharrte Tjelfe, dem der Schweiß in die Augen lief. »Ich will mein Baumhaus haben. Ich will! Ich –«
Plopp... machte es irgendwo, als hätte ein Riese einen Korken aus einer ungeheuer großen Flasche gezogen. Die Erde bebte, und die Kinder purzelten ins Gras.
»Was ist das da...???« rief Roskva, sich aufrichtend.
Auch Tjelfe reckte den Hals.
Über die Lichtung kam von fern her ein ausgerupfter Baum mit den Wurzeln voran dicht über den Boden gesaust, Blattwerk und Zweige hinter sich herschleifend. Es war ein dicker, langer Baum, und er bewegte sich wie ein flach abgeschossener Pfeil, – nein: Eher wie ein Speer, den ein Läufer in der Hand hält, um ihn zu werfen.
»QUARK...!!!« schrie Roskva. »Das ist QUARK! Er bringt uns einen ganzen Baum zum Holzmachen für unser Haus...!!!
So war's!
Der kleine Riese hatte sehr wohl kapiert, was die Kinder vorhatten. Nun ersetzte er ihnen mit seinen gewaltigen Kräften ein Sägewerk.
Mit der flachen Hand schnitt er Bretter und Balken, ein

Stück des Stammes zerlegte er einzig und allein mit der Handkante, er schnitt Holzscheiben ab, wie Wurstscheiben von einer Wurst. Und während er da wie ein winziger Robot herumtobte, ohne auch nur die Spur zu ermüden, flochten Tjelfe und Roskva Seile aus Ranken, Weidenruten, Binsen und Schilf.

Dann warfen sie eines dieser Seile über einen Lindenast und zogen QUARKS »Fertigteile« für das Baumhaus in die Krone hoch.

»Ein nützlicher Wicht«, mußte Tjelfe zugeben. Er legte am Fuße der Linde das Tauwerk schön aufeinander, wie ein gelernter Wiking-Seefahrer. Aber das schien QUARK nicht zu verstehen. QUARK zupfte immer wieder Stücke des Seiles an sich heran, wobei er Tjelfe den Rücken drehte und vor sich hin lachte, als wollte er den Jungen ärgern.

»Nun laß doch endlich den Blödsinn!« schrie Tjelfe. »Ich hab' das Zeug so ordentlich gestaut – und du bringst alles wieder durcheinander!«

»Hng, hng, hng!« lachte QUARK. »Hng, hng, hng!« Dann drehte er sich um und zeigte Roskva, was er die ganze Zeit im Gras verfertigt hatte.

»Eine Strickleiter!« rief Roskva begeistert. »Jetzt können wir bequem in unser Baumhaus und brauchen nicht mehr

zu klettern, zu rutschen und uns die Knie aufzuscheuern! Quark, du bist der Größte! Du bist ein Erfinder...!!!«
Da schämte sich Tjelfe ganz furchtbar, weil er Quark des Quatschmachens verdächtigt hatte...
Da der Zwergriese also auch ein Riesenwunder war, fiel es ihm nicht schwer, mit bloßen Händen zu schreinern, zu bohren und zu dübeln. Er zimmerte einen runden Tisch, Stühle, Bänke und andere Möbel, und er baute für Roskva aus Steinen einen Herd, auf dem sie in einer großen, hohlen Muschel süße Waldbeerensuppe kochen konnten. Quark fing zur Einweihungsfeier einen Fisch, der über dem Feuer gebraten wurde; Holzteller, Holzgabeln – sowie Holzbecher für Himbeersaft – drechselte er auch, und für das abendliche Fest hatte er eine Kerze aus Bienenwachs geformt.
So saßen die Drei in ihrem Baumhaus hoch in der großen Linde um den runden Tisch und schmausten und lachten. Roskva sang:

»Auf dem Baum ein Haus,
Ein Haus im Baum,
Das ist ein Traumhaus –
Ihr glaubt es kaum...!!!«

Draußen war es längst dunkel, aber im Baumhaus schim-

merte das trauliche Licht, und als Roskva abgeräumt hatte, ließ Quark auf dem leeren Tisch Holzklötzchen tanzen. Die Klötzchen klimperten sogar in verschiedenen Tönen und machten eine lustige Musik, worüber die Kinder sich vor Lachen bogen.
»Hng, hng, hng!« grinste und grunzte Quark vergnügt. »Hng, hng, hng...«
Als Tjelfe zu pfeifen begann, nahm Roskva mit gespitztem Mund die Melodie auf: »Fi, fa, fui – fui, fa, fi...«, und Quark machte es den beiden nach. Endlich pfiffen sie zu dritt. Es war ganz toll, wie rasch der Zwergriese von den Menschenkindern lernte.
Als sie völlig außer Puste waren, stand Tjelfe auf, streckte Quark die Hand hin und sagte:
»Laß uns Freunde sein, Quark! Ich gebe zu, ich habe mich geirrt. Du bist schwer in Ordnung!«
Quark strahlte ihn an, nachdem er erst einmal forschend geguckt hatte, ob Tjelfe es ernst meinte.
»Nun schlag schon ein!« rief Roskva. »Mein Freund bist du schon längst. Nun sollst du auch endlich Tjelfes Freund werden!«
Quark und Tjelfe standen Hand in Hand, und das war nun der Höhepunkt des Festes: Glücklicher konnten die Drei nicht sein.

Da erscholl draußen in der Nacht ein furchtbarer Schrei. Der Baum erbebte.
Das Baumhaus geriet ins Wackeln, so daß QUARK, Roskva und Tjelfe in die Ecken flogen und Tisch und Stühle umkippten. Die Kerze flackerte auf der Eckbank weiter und warf ihren schwankenden Schein auf den Fensterrahmen.
Ein mordswütendes, rotbartgerandetes Gesicht mit Blitzesaugen und blitzenden Zähnen füllte das Fenster aus. Augen rollten zornentflammt und schossen ihre Blicke in das Baumhaus hinein.
»Hoooooo...!!!« grollte die Brüllstimme aus dem zornigen Mund: »Hier seid ihr also, ihr Ausreißer...!!!«
Es war der Donnergott Thor, der Tjelfe und Roskva gesucht – und gefunden hatte.
Aus – war der Traum vom Baumhaus!
Thor griff mit mächtiger Faust ins Innere hinein, packte erst Tjelfe, dann Roskva und setzte beide unten am Lindenstamm in die finstere Nacht. Dabei polterte er immer weiter:
»Meine Frau Sif ist in Sorge, ihr Schlingel! Mir schmeckt das Bier schon gar nicht mehr! Was sollen eure Eltern von mir denken, wenn ich – der große Donnergott – nicht auf euch aufpassen kann?«

»Wir ... wir ...«, stotterte Tjelfe.
»Still ...???« fuhr im Thor über den Mund. »Und du ...!«
Er wandte sich an Roskva, aber da er seinen Hammer zu Hause gelassen hatte, konnte er sie nur mit den Augen anblitzen. »Du, Roskva, beschwerst dich das nächste Mal gefälligst bei *mir*, wenn dir bei uns etwas nicht paßt ..!!«
»Jjjja«, schluckte Roskva. »A-aber –«
»Kein ›Aber‹!« donnerte Thor. »Ich hüte euch wie meine Augäpfel, ihr steht unter meinem Schutz – und ihr kommt jetzt mit mir zurück nach WALHALLA ...!!!«
Die Scheinwerfer seiner wutentbrannten Augen fuhren in der Dunkelheit hin und her, und die Kinder sahen, daß Thor nicht allein war. Er hatte Loki bei sich, seinen Untergott. Aber während der mächtiger Thor wie ein Ringkämpfer wirkte, stand der arglistige Loki gelackt und geleckt im Hintergrund, ölig lächelnd, und den Mantel um sich geschlagen wie ein König.
»Du hilfst mir, auf Tjelfe und Roskva aufzupassen«. herrschte der Donnergott ihn an. »Und wehe dir, du behandelst sie schlecht!«

Thor blickte noch einmal zum Baumhaus hoch. Er sah die Strickleiter und riß sie ab. Da kam QUARK von oben herabgesaust und landete genau auf Thors Kopf.
»Oh, neeeiiinnn......!!!« heulte der Donnergott auf.
»Mit dir, du Wanze, will ich nichts mehr zu tun haben! Du bleibst hier...!!!« Er gab QUARK einen gewaltigen Tritt.
»Ei, nicht doch!« mischte sich Loki ein. Er strebte mit wehendem Umhang herbei. »Wir können QUARK unmöglich hierlassen. Er muß natürlich mit uns nach WALHALLA kommen!«
»Waaas? Dieser Tunichtgut und Pingpong-Kopf, dieser Schnackeback und Kräckekrack soll wieder in mein Haus?« schrie Thor. Er schrie so laut, daß sich die Linde bog und Loki allein von seinem Atem zu Boden geworfen wurde.
»Bitte, bitte...!« flehte Loki, im Grase von Thors Augen angestrahlt. »Ich habe dem König der Unterwelt versprochen, QUARK Benehmen beizubringen!«
»Ich werde *dir* Benehmen beibringen!« tobte der Donnergott, auf Herrn Loki eindringend. Loki raffte sich auf und wollte fliehen, doch Thor trat auf seinen Mantelsaum, und Loki flog längelangs hin.
Drohend stand Thor über dem zitternden Loki-Gott:
»Was hast du König Udgard, dem Herrn der Unterwelt

und Beherrscher der Riesen, Geister und Monster versprochen?«
»Wie ich schon mehrmals sagte –« bibberte Loki.
»Was *genau*...???« wollte Thor wissen.
»Daß ich QUARK so lange behalte, bis er ganz artig ist und nie wieder einen von König Udgards Leuten an der Nase herumführt!«
»So!« höhnte Thor. »Und ich sage dir, Kollege Loki, der Herr König von Udgard soll seine Unterweltler selber erziehen. Habe ich recht...???«
»Absolut, absolut«, versicherte Loki eilfertig. Er sah, daß Thor am Ende seiner Geduld war, und daß weiterer Widerspruch ihm nur Prügel einbringen würde.
»So, dann steh auf«, sagte der Donnergott. »Du wirst deinen QUARK sofort zu König Udgard zurückbringen. Und wir, die Kinder und ich, wir werden dich begleiten.«
Loki erhob sich, gelb vor Wut, aber gehorsam.
»Komm, QUARK«, näselte er. »Du mußt zurück nach Udgard-Land zu den Monstern. Der Onkel Thor mag dich nicht!«
»Hng, hng, hng!« lachte QUARK.
»Wie kannst du es komisch finden, daß du von mir getrennt werden sollst?« rief Roskva mit tränenerstickter Stimme.

Doch QUARK lachte wieder, und seine Eckzähnchen blitzten in der Dunkelheit. »Hng, hng, hng...!!!« Das hieß so viel wie: »Wir werden ja sehen...!!!«
Tjelfe aber war stolz, als ihm sein verehrter Donnergott die mächtige Pranke auf den Kopf legte und zu ihm sprach:
»So, mein kleiner Mitstreiter! Bald wirst du erleben, wie ich mit dem König der Unterwelt umgehe... Also, dann: Abmarsch nach Udgard...!!!«
Thor war ein Gott. Deshalb fand er auch in der Nacht einen schnellen Weg durch Midgard hindurch nach Udgard, auch wenn er seinen Donnerwagen mit den Gewitterziegen nicht benutzte.
So stapften sie durch Schluchten und Täler und Schlünde und Gründe. Daß QUARK ihm ausreißen würde, brauchte Thor nicht zu befürchten. QUARK hielt sich an die Kinder, und solange die bei ihm waren, war für ihn die Welt in Ordnung. Fröhlich und vertrauensvoll wanderte er zwischen Roskva und Tjelfe dahin...

Doch über den Wolken kreisten die Raben (die sogar Thor nicht sah). Und die Raben krächzten einander leise zu:

»Wird es Thor gelingen,
QUARK, den Zwergriesen,
Zu den Riesenriesen
Zurückzubringen...?«

»Ihr Kinder und Götter, alle!
Ihr rennt in eine Falle...!!!«

»Krah, krah... Ha, haaa...!!!«

So krächzten die Raben...

Bei den Riesen

Das Reich König Udgards lag in einem Gewirr von Felsenhöhlen in der Erde, dort, wo kein Sonnenstrahl je hindrang, und wo es weder das kümmerlichste Bäumchen, noch das traurigste Blümchen gab.
Die Dunkelheit von Udgardland wurde nur durch Feuer, feuerspeiende Echsen und einem Feuergeist erhellt. Der Feuergeist mußte ab und zu in einen Feuertopf springen, um Feuer zu tanken und weiterzubrennen.
König Udgard von Udgardland war ein Riese. Sein Hofmarschall war ein großer Unnütz namens Hymer, der »Reifriese vom Himmelsrand«, wie er sich frech nannte, nur, weil die Wälder erfroren, die er mit seiner kalten Glatze streifte.
Der Thronsaal Udgards – Kinder, ihr glaubt es nicht! – glich einem Wirtshaus, richtiger: der enormen Sauf- und Freßstube eines Wirtshauses. Aber, keine Sorge, sowas gibt es bei uns nicht, das schwöre ich euch in die Hand!
Am Stammtisch dieser Tollhauskneipe lümmelten viele Riesen. Sie beherrschten Udgardland. Aber das »Volk« bestand aus Typen, die teils kleiner waren, teils nicht die leiseste Ähnlichkeit mit Menschen oder Tieren der Oberwelt hatten. König Udgards Reich war nicht nur der

Tjelfe deutete auf eine schöne, große weit verzweigte Linde inmitten der Lichtung. »Wir bauen uns da oben ein Baumhaus!«

Alle drei freuten sich mächtig, als endlich ihr prachtvolles Baumhaus fertig war.

Tummelplatz der Riesen, sondern auch der der Geister, Trolle, Kobolde, Gnome, Monster – und wie man solche Ausgeburten sonst noch nennen will.

Auf diesen Schreckens-Zoo wanderten Thor, Loki, Tjelfe, Roskva und QUARK rüstigen Schrittes zu, aufmerksam beobachtet von den schwatzhaften Raben.

Als der Morgen dämmerte, sagte Thor:

»Kommt Freunde, laßt uns ein paar Stündchen schlafen, bevor ich QUARK abliefere und ihn dem Udgard-Schuft vor die stinkigen Füße knalle!«

Der Donnergott legte sich mit Loki, den Kindern und QUARK in einer unbewohnten Höhle nieder. Höhlen gab es massenhaft im öden Udgardland.
Roskva seufzte Tjelfe ins Ohr:
»Ich kann's immer noch nicht glauben, daß Thor uns den QUARK wegnehmen will.«
»Vielleicht sehen wir QUARK später mal wieder«, flüsterte Tjelfe. »Aber Ordnung muß sein. Du hast ja selbst erlebt, daß QUARK nicht nach WALHALLA paßt.«
Das stimmte.
Trotzdem plagten Tjelfe Gewissensbisse.
Einerseits war QUARK sein Freund geworden, andererseits fühlte sich Tjelfe als Vertrauter seines verehrten Donnergottes. Hatte Thor ihn nicht »mein kleiner Mitstreiter« genannt?
»QUARK ist ein Bürger von Udgardland, Schwesterchen«, sagte Tjelfe, bevor er einschlief. »Daran gibt's nichts zu rütteln.«
Das war für Roskva ein schlechter Trost.
Alsbald schliefen sie alle tief, obwohl Thor furchtbar schnarchte. QUARK schmunzelte bis über beide Eckzähnchen, als träume er von der schönen Zeit im Baumhaus. Vor seiner Auslieferung an Udgards Riesen schien er sich nicht zu fürchten...

Der Donnergott Thor hatte gehofft, die Riesen zu überraschen, Angst und Schrecken unter ihnen zu verbreiten und König Udgard auf die Knie zu zwingen. Er hatte sich auf das flehende Gewimmer Hymers und das Erbleichen und Verdampfen der Feuergeister gefreut. Doch selbstherrlich, wie WALHALLA-Götter nun mal waren, rechnete er nicht mit den schwatzhaften Raben, die in allen drei Reichen die Post und die Zeitung bildeten.

Bis in den Morgen hinein feierte der zottelhaarige und büttelbärtige König Udgard – Hymer zur Seite – eine seiner irren Partys. Eigentlich tat das Udgardvolk überhaupt nichts anderes, als Partys zu feiern – allerdings nicht solche, die in ein feines Restaurant gepaßt hätten. Sie tranken auch nicht, die unermüdlichen Zecher, nein, sie soffen, daß ihnen die Mäuler troffen, und sie schmatzten, bis sie fast platzten.

König Udgard schlürfte und schluckte und schleckte und leckte Bier und Bierschaum aus einem Trinkhorn, das zehnmal so groß war wie eine Trompete. Sein schmutziger Hymer-Kumpan verschlang Walnüsse gleich sackweise mit den Schalen, obwohl er nur zwei Vorderzähne hatte. Zwei Riesen mit Schweins- und Eselsköpfen tranken Met aus einem Viehtrog: Sie sabberten den vergorenen Honigwein so gierig, daß er ihnen aus den Ohren sprudelte. Ein

Riese mit dem Kopf auf dem Hut – und einer mit dem Hut auf dem Kopf fraßen sogar gleich mit den Ohren, damit sie die Mäuler zum Saufen frei hatten. Fische mit Beinen sprangen in Soßenschüsseln umher, Schmetterlinge teilten sich Würstchen hoch in den rußigen Balken.

Eine Musikkapelle aus Ungeheuern mit Fuchsgesichtern spielte auf mächtigen, meterlangen, gebogenen Bronzetrompeten, den »Luren«. Für menschliche Ohren hätte das wie Feueralarm geklungen, aber die Monster sangen und tanzten dazu.

Mitten in das Fressen, Saufen und Freudengeheul hinein kamen die Raben geschwebt und setzten sich auf König Udgards Schultern.

Gleich war es mucksmäuschenstill...

»Was wollt ihr, ihr geflügelten Boten?« fragte der König der Unterwelt.

Da krächzten die Raben:

»Achtung, ihr Riesen! Über Stock und Stein
Kommen die Götter nach Udgard hinein...!!!

Vorsicht – und erschreckt nicht zu stark:
Thor und Loki bringen euch Quark...!!!«

Dem Riesen Hymer hagelte ein halber Zentner Nüsse aus dem Maul, den Musik-Ungeheuern fielen die Luren aus Krallen und Pfoten, und König Udgard brüllte auf, daß sich die Balken bogen. Er warf sein gewaltiges Bierhorn in eine Ecke.

»Quark...???« schrie er. »Die Götter Thor und Loki wollen ihn uns zurückbringen...???«

»Ja, ja... krah, krah...«, kicherten die Raben. Eilig schwebten sie aus dem Thronsaal hinaus, durch die Höhlengänge ins Freie. König Udgard erholte sich schnell von seinem Schreck. Er war gewarnt – und damit entscheidend im Vorteil. Ein Warzenschwein auf zwei Beinen reichte ihm einen randvollen, schäumenden Bierkrug.

»Schluck-kluck-kluck...«, stärkte sich der Riesenkönig. Danach lachte er wieder.
Ja! König Udgard lachte, daß ihm sein Bauch zwischen Bart und Knie hin und her sprang.
»Thor will kommen...???« brüllte er, Bierschaum speiend. »Hahahahah...!!!!!! Hohohohohoho...!!!!!! »Soll er's nur wagen, der dumme Hammerwerfer! Ich werde aus dem Donnergott einen Flüstergott machen...!!!!!!«
»Und aus Gott Loki einen Kikeriki......!!!!!!« wieherte der Riese Hymer, indem er sich die Brust unter seinem geringelten T-Shirt kratzte.
»Aus Loki einen Kikeriki......!!!!!!« wiederholten die Monster freudig.
»Den QUARK woll'n uns die Götter zurückbringen?« dröhnte König Udgard. »Meine Güte! Das kommt nicht in die Tüte! Thor soll QUARK vor seinen Donnerwagen spannen. Bei mir bleibt der kleine Krawallbolzen jedenfalls nicht!«
»Nicht!« echote Hymer. »QUARK ist Lokis Problem, seit Loki bei uns die Wette verloren hat! QUARK mag Brunnenfigur in WALHALLA werden! Hier hat QUARK nichts, aber auch gar nichts mehr zu suchen!«
»Gar nichts mehr zu suchen...!!!« heulten die Monster. Die Udgard-Typen hatten eine schreckliche Wut auf den

Zwergriesen QUARK. Ein Auszug aus QUARKS Schuldkonto verzeichnete unter anderem:

* QUARK hatte König Udgard Sand in die Suppe geschüttet.
* QUARK hatte Hymer ein heißes Kotelett auf die Glatze gelegt.
* QUARK hatte 37 kleinere Monster in den Honigwein getaucht.
* QUARK hatte dem Riesen »Tropfnase« einen Eimer an seinen Zinken gehängt.
* QUARK war 16 Echsen mit Ochsenköpfen auf ihren 48 Schwänzen herumgehopst.
* QUARK hatte König Udgards Leibwächter mit insgesamt 3000 Hühnereiern bombardiert......

Nein. Dies – und vieles mehr – vergaßen die Udgard-Monster nie, und deshalb wollten sie die Götter mitsamt dem Zwergriesen nach WALHALLA zurückschicken.
»Auf allen vieren sollen sie heimwärts kriechen...!!!« schwor König Udgard.
Nun müßt ihr wissen:
Die Götter waren natürlich viel, viel stärker als die Riesen. Mit Gewalt hätte selbst Thor allein ganz Udgard vernich-

ten und aus den Höhlen U-Bahnschächte für seinen Donnerwagen machen können. Aber Odin, der König von WALHALLA, schützte die Udgard-Monster, duldete sie, damit seine Götter nicht zu faul wurden und es ihnen nicht zu langweilig wurde, denn sie fanden immer Gründe, sich mit ihnen zu streiten.
Ja, die Götter waren stärker.
Dafür waren die Riesen listiger, listiger sogar als Loki, der Listigste aus WALHALLA. Die Riesen konnten tausendmal besser schwindeln, schummeln und mogeln. Und sie hatten die Fähigkeiten, sich zu verkleiden und zu verwandeln, wie's ihnen gerade paßte.
Davon aber verstanden die Götter nichts.
»Gebt mir einen falschen Bart und eine Mütze«, lachte König Udgard. »Ich will hinausgehen und Thor ein bißchen auf den Arm nehmen. Hymer! Schärfe unserem Volk ein paar Tricks ein, falls Thor tatsächlich mit diesem QUARKstück hier rein will...!«
König Udgard schritt durch das Felsentor und die Pforte des Dreckwalls, der den Ausgang zur Oberwelt umgab. Dann machte er sich dünn wie eine Nadel und verschwand im Boden. Tief im Sande aber blähte er sich auf, bis er die Größe und den Umfang eines ganzen Riesenberges hatte.

Thor, Loki, QUARK und die Geschwister erwachten von einem Erdbeben, das ihre Ohren schlackern und ihre Zähne aufeinanderklappern ließ.
Der Donnergott fuhr hoch. »Wer wagt es, in meiner Nähe zu grollen?« Gefolgt von dem erbleichenden Loki, den Kindern und QUARK, schoß er ins Freie.
Vor ihnen öffnete sich der Boden, und eine schwarze Mütze wuchs empor wie eine Pyramide. Thor und die anderen wußten nicht, was das war, und sie standen mit offenen Mündern staunend da. Dann aber kam unter der Pyramide Buschwerk zum Vorschein (König Udgards Augenbraue), sowie ein Auge, das man für den Mond hätte halten können. Die zweite Braue und das zweite Auge zeigten sich, und nun nahm das seltsame Wesen rasch an Größe und Breite zu, während es sich unaufhaltsam aus der Erde in die Höhe schob.

Endlich stand der Überriese mit seinen Schuhsohlen auf der Fläche und blickte auf die Ankömmlinge herab, die ihm nicht einmal bis zu den Fußknöcheln reichten.
Sogar der Donnergott Thor wirkte klein.
»Wer bist du – du Riesenberg?« fragte der Donnergott barsch. König Udgard von Udgardland hatte sich so irrsinnig aufgeblasen, daß Thor ihn nicht erkannte. Doch Thor war nach Odin der mächtigste WALHALLA-Gott, und – anders als Loki – wußte Thor nicht, was Furcht war. Die Kinder bibberten natürlich. Nur QUARK machte ein verdächtig wütendes Gesicht.
Der verwandelte König Udgard lachte heuchlerisch. Er tat freundlich, schmierfreundlich – so bieder, wie ein Wandersmann, der verirrten Leuten den rechten Weg zeigen will.
»Ich bin der Riese Skymer«, schwindelte er mit einer Stimme, die aus einem ungeheuren Bierfaß zu kommen schien. »Ich will in den Wald, um Pilze zu suchen. Und was treibt dich her? Wenn ich nicht irre, bist du der Donnergott Thor mit einer netten, kleinen Reisegruppe!«
Da platzte QUARKS Geduld.
QUARK hatte dem Reich der Monster lange genug angehört, um zu erkennen, daß das Scheusal kein anderer als der verwandelte König Udgard war.

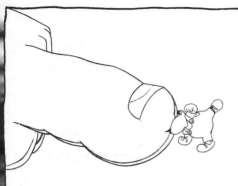

QUARK nahm einen Anlauf, sauste durch die Luft und biß sich mit einem kräftigen happ in der Fingerkuppe des Ungeheuers fest.

»Aua...!!!« schrie der Überriese. QUARK war gegen die aufgeblähte Gestalt so klein, daß er wie eine stechende Wespe auf dem Superfinger wirkte.

»Was ist das?« Der falsche Skymer betrachtete den winzigen Zwergriesen und warf ihn dann von seiner Höhe herab zu Tjelfe und Roskva. »Verzeihung«, lächelte er mit tückischem Augenflackern. »Das kleine Ding ist ein Brüderchen dieser Kinder, da...???«

»Hat sich was, Brüderchen!« rief Thor erbost. »QUARK ist allenfalls *dein* Brüderchen, denn er ist ein Monster, wie du!«

»Hahaha...«, tat der aufgeblasene König Udgard. »Du bist immer noch der alte Streithammel, Thor, was? Tja.

Nun, ich bin nur Skymer, der Pilzsammler, und ich muß mich sputen. Die Mistzwiebel, da –« Er deutete auf QUARK, »– magst du selber nach Udgardland bringen. Viel Vergnügen.« Und er stapfte hohnlachend und kopfschüttelnd davon. Es dauerte aber gar nicht lange, da löste er sich auf und kam erst in seinem Thronsaal unter seinem Riesen- und Monstervolk wieder zum Vorschein. Rasch nahm er die Mütze und den falschen Bart ab, so daß er mit seinem rostroten Kopf- und Gesichtsbewuchs als der echte König Udgard zu erkennen war.
Knurrend setzte er sich auf den Thron, der einem Plumpsklo ähnelte. Zu Hymer sagte er rauh:
»Die Raben haben die Wahrheit gemeldet. Schlimmes droht! Thor will uns QUARK wiederbringen. Ist mein Volk zu Zauberkunststücken bereit?«
»Wir sind bereit!« hallte es von den Wänden wider.
»Geh hinaus, Hymer, versuch Thor abzuwimmeln und Loki das Fürchten zu lehren. Alles Weitere wird sich finden!« befahl König Udgard zähnefletschend.
Inzwischen aber pochte Thor schon an das Portal im oberirdischen Vorhof von Udgardland.
»Aufmachen, aufmachen, ihr Läuse, Flöhe und Mükken!« donnerte Thor. »Hier stehen zwei Erlauchte aus WALHALLA mit Gefolge!«

König Udgards Leibwächter öffneten den Dreckwall rasch. An der Spitze seiner Gruppe marschierte Thor erhobenen Hauptes in den Vorhof ein. Am Zugang zur Unterwelt stand der Riese Hymer, den Weg mit ausgebreiteten Armen versperrend.
»Willkommen, liebe Götter!« rief er höhnisch. »Welche Freude, euch mal wiederzusehen. Nun, was bringt ihr Schönes?«
»*Das* da...!!!« brüllte Thor und warf ihm QUARK vor die Füße.
Der Riese Hymer schüttelte sich vor Lachen. »Oh, nein!« prustete er. »Oh, nein! Der QUARK-Batzen gehört euch, das wißt ihr genau, ihr Spaßvögel! Nehmt ihn schön wieder mit!«
»Das denkst du dir, du Schmutzglatze?« rief Thor. »QUARK ist ein Udgardmonster. Basta!« Er machte kehrt und wollte mit Loki und den Kindern ins Freie. Doch das Portal war geschlossen, und mit Speeren bewaffnete Drachen verwehrten ein Zurück.
»Waaaaaasss......??????« schrie Thor. »Ihr wollt *mich* und meine Leute am Gehen hindern......??????« Er reckte sich und ließ seine Augen mächtig blitzen. »Das bedeutet Krieg......!!!!!!« Schnell meldete sich aus der Tiefe des Thronsaals König Udgard:

»Hymer!« rief er scheinfreundlich. »Wie behandelst du meine werten Götterfreunde? Laß sie ein, damit ich sie festlich bewirten kann!«

Der Riese trat zur Seite. Thor grollte: »Ich höre die Stimme des Ober-Schlitzohrs von Udgard. Na, den Burschen nehm' ich mir mal vor. Komm, Loki, kommt, Kinder...«

Gefolgt von Loki, Tjelfe, Roskva und QUARK, stapfte er festen Schrittes in den unterirdischen Thronsaal.

QUARK war genauso furchtlos wie Thor. Er hielt sich dicht neben Roskva, um sie zu schützen. Roskva hatte jedoch nur eine Angst, nämlich die, ihren lieben, kleinen QUARK an die Udgard-Riesen zu verlieren. Sie legte ihren Arm auf die Schulter des Freundes. QUARK schmunzelte sie dankbar an: »Hng, hng, hng!«

Und so gelangten sie vor König Udgards Müllkisten-Thron.

Der zottelhaarige, rostbärtige Riesenchef erhob sich und spielte den Erfreuten:

»Thor und Loki. Ja, ist das eine Überraschung! Er drückte den schmalen Loki an seine besabberte Brust: He, Kumpel Loki! Kommst du, dich zu bedanken, weil ich dir die Ratte QUARK geschenkt habe?«

»QUARK ist keine Ratte!« schrie Roskva empört. »QUARK ist mein Freund!«

»*Mein* Freund ist er nicht!« lachte König Udgard mit wackelndem Bauch. Und seine Riesen, Geister, sowie alle kriechenden und flatternden Mini-Monster brüllten und quietschten ebenfalls vor Hohn.
Da sprang Quark auf ein Faß und ließ seine rote Zunge in König Udgards Gesicht schnellen.
»Weg! Weg mit dir!« raunzte der Riesenchef und schob seine scharfen Zähne vor.
»Bäh, bäh…!!!« machte Quark.
»Schluß!« gebot Thor. »Du, Herrscher der Unterwelt, stell dich nicht dumm. Du hast meinem einfältigen Loki den Zwergriesen Quark angedreht, der in Walhalla nun

wirklich nichts zu suchen hat. Ich befehle dir, QUARK zurückzunehmen. Sperr ihn in die unterste Höhle, damit er nicht entwischen kann – und laß uns gehen...!!«
»Nein, nicht...!!!« flehte Roskva, ihre Arme nach QUARK ausstreckend. »Ich will nicht, das QUARK hierbleibt!«
»Kluges Mädchen«, grunzte König Udgard. »Siehst du, Thor, das ist auch meine Meinung! Ich will nicht, daß QUARK hierbleibt!«
Der Donnergott blickte zornig in die Runde, und für einen Augenblick erbleichte unter seiner Schmutzkruste sogar der Riese Hymer. Schnell lenkte König Udgard ein:
»Warum so mißgelaunt, Bruder Thor! Das Ganze läßt sich doch friedlich lösen! Ich denke da an einen kleinen, sportlichen Wettkampf. Oder bist du zu feige, dich mit mir zu messen?«
»He!« Empört drängte sich Tjelfe vor. Er fuhr den Herrscher der Unterwelt an: »Was erlaubst du dir? Weißt du nicht, daß du mit dem großen Donnergott sprichst?«
König Udgard lachte dröhnend. Auch Hymer bebte vor Lachen, und ein besonders abscheulicher Riese zeigte grinsend seine hundertzwanzig Zähne.
Thor reckte stolz das Kinn:
»Mit euch allen nehme ich es auch ohne meinen Hammer auf. Kein Problem! Was für ein Kampf soll es sein?« Er

Thor wollte Quark auf schnellstem Weg nach Udgard zurückbringen. So stapften sie durch Schluchten, Täler, Schlünde und Gründe.

Vor ihnen öffnete sich der Boden und eine schwarze Mütze wuchs empor wie eine Pyramide. Wild blinkende Augen, eine ungeheure Nase, ein riesiger Kopf folgten...

ließ seine Muskeln spielen.

Da mischte sich Gott Loki eilfertig ein. Obgleich er dünn war, aß er stets gern und viel, nie wurde er dicker – und nie wurde er satt. Er hatte sich umgeschaut und bemerkt, daß die Riesen über gewaltige Freßvorräte verfügten. Und so sagte er:

»Wenn wir einen kleinen Kampf austragen wollen – wir Götter gegen die Riesen –, dann schlage ich ein Wett-Essen vor!«

»Ph...!« machte Thor verächtlich. »Das ist mir zu dumm. Aber wenn du Lust darauf hast? Bitte!«

»Natürlich, ein Wett-Essen!« rief König Udgard begeistert. Er rieb sich die Hände. »Welch ein Spaß! Loki gegen einen meiner Leute! Wer verliert, muß die QUARK-Ratte behalten!«

Wieder schrie Roskva: »Quark ist keine Ratte, Quark ist ein lieber Kerl!«
Ihre Stimme ging im Getümmel der Monster unter, die das Wett-Essen vorbereiteten. In einen Trog, der so lang war wie ein Eisenbahnwagen, wurden Schinkenberge, Wurstketten, Hammelkeulen, Sülzfische und anderes gehäuft. Das Ganze hätte gut und gerne für mehrere Bauernhochzeiten gereicht, und viele, viele Menschen hätten tagelang daran gefuttert.
Aber nur Quark schien zu ahnen, daß an der Wette etwas faul war. Und Roskva sah Quarks Besorgnis. Die Geschwister saßen unter den Zuschauern an einem Tisch: Roskva zwischen Tjelfe und Quark. Thor hockte mit grimmigem Gesicht abseits. Er hielt das alles für Unsinn, aber auch ihm dämmerte nicht, was da gespielt wurde.
König Udgard wählte als Gegner für Loki einen Geist aus, der »Flam« hieß. Flam stellte sich an die eine – und Loki an die andere Seite des Freßtrogs. Genau in der Mitte hatte Hymer eine Schnur gezogen. Er zupfte daran und grölte:
»Wer sich zuerst bis zu dieser Schnur durchgefressen hat, ist Sieger!«
Die Riesen und Monster trampelten, pfiffen, zischten und schrien Beifall.

Hymer fuhr fort: »Für die Götter kämpft Loki, für die Riesen kämpft Flam! Der bessere Magen möge gewinnen!«
König Udgard stieß Hymer zur Seite und gab das Startzeichen:
»Achtung, fertig, los...!!!« Beide Kämpfer schnellten vor und begannen um die Wette zu essen. Loki war sich seines Sieges gewiß, denn wenn er auch ein fauler Gott war – im Essen vollbrachte er die besten Leistungen in ganz WALHALLA. Es kam ihm gar nicht in den Sinn, daß irgendein Monster verfressener sein könnte als er. Loki führte für alle Fälle immer eine dreizinkige Gabel mit, ebenso eine blütenweiße Serviette (denn er war ja ein feiner Herr). Er piekte gleich zwei Schinken hintereinander aus dem Trog und ließ sie mühelos zwischen seinen weißen Zähnen verschwinden, ohne sich die Kiefer zu verrenken. Danach schob er sich eine armlange Wurst in den Rachen.
»Bravo, Loki...!!!« feuerte ihn Tjelfe an. »Bravo, Loki...!!!«
»Bravo, Loki...!!!« strahlte auch Roskva. Und als Loki mit einer Hammelkeule und drei Sülzfischen zugleich rang, klatschte sogar QUARK in die Hände und rief: »Hng, hng, hng, Lo-ki-ki-ki...!!!«
Vor lauter Eifer bedachten sie nicht, daß Loki im Falle

eines Sieges Quark in Udgard zurücklassen mußte. Loki tat sein Bestes und war eine Zeitlang sogar im Vorteil, doch das beunruhigte seltsamerweise weder König Udgard noch Hymer. Im Gegenteil. Die beiden zwinkerten und grinsten einander häßlich an. Und die übrigen Monster tobten vor Schadenfreude.
Was war mit Lokis Gegner, dem Udgard-Geist Flam? Kinder, man glaubt nicht, wie dumm selbst Götter sein können. Schon am Namen des »Wettkämpfers« hätte ihnen etwas auffallen müssen. Er nannte sich »Flam«! Na, und was bedeutete das wohl? Natürlich nichts anderes als »Flamme«! Flam war ein Feuergeist, der zwar zum Schein ein Gesicht, zwei Arme und zwei Beine hatte. Aber, eben, nur zum Schein! Denn eine Flamme besitzt eine Unzahl von Gliedern, mit denen sie huscht, springt, überspringt, greift, um sich langt, vernichtet. Und sie hat viele, viele Zungen zum raschen, gierigen Vertilgen und Verschlingen.
Tjelfe fühlte sich hier ganz und gar auf der Seite der Götter. Er mochte Loki zwar nicht sonderlich, immerhin aber war Loki Thors Begleiter, schon deshalb durfte er nicht verlieren! Als die Monster ihren Kämpfer Flam jaulend ermunterten, sah er sich das Wesen genauer an – und gleich schrie er wütend:
»Buh ... Buuuhhh ... Buuuuuuhhhhhh ......!!!!!!«

Roskva und Quark stimmten in die Buh-Schreie ein, obwohl Lokis Niederlage doch ihr Vorteil gewesen wäre! Aber was da geschah, war wirklich ungeheuerlich...!!! Dieser Flam hatte auf einmal vier, dann sechs Arme, mit denen er sich die dicksten Schinken zuführte, ja, er griff sogar mit den Füßen nach sechs Schweinebraten zugleich, denn aus seinem roten Flattergewand strampelten unversehens sechs Beine! Flam brauchte nicht zu kauen! Alles, was er fraß, verschwand völlig – mit oder ohne Knochen! Ach! Wie sehr mußte sich dagegen der arme Loki mühen. Der listige Gott hatte geglaubt, das Wett-Essen würde zu einem Festessen für ihn werden. Nun sah er sich zum Platzen enttäuscht.
Tapfer fraß er Schweineschinken, Bärenschinken und Rehschlegel im Stück. Längst hatte er Gabel und Serviette von sich geworfen. Sein Gesicht bestand bis über die Augen nur noch aus Mund. Sein Bauch blähte sich, die Gürtelschnalle schoß wie von der Sehne geschnellt einem Monster ins Auge. Er kroch in den Trog hinein und würgte, schlang und schluckte weiter: Lammkeulen, Hirschkeulen, Hasenkeulen, Putenkeulen, Gänsekeulen, Hühnerkeulen... Bald kamen ihm die Knochen zu den Ohren heraus, zu den Nasenlöchern, selbst zu den Mundwinkeln, während er fraß...

Loki mochte tun, was er wollte, er wurde langsamer, seine Kräfte schwanden – und endlich taumelte er als schlappe, überfüllige Freßkugel auf schwankenden Beinen an Thors Tisch und warf sich ermattet über die Platte.

Flam dagegen hatte noch nicht genug. Da seine Hälfte wie leergefegt war, machte er sich daran, auch noch die Bretter des Troges genüßlich zu verschlingen.

»Sieg……!!!!!!« heulte der Riese Hymer in wüstem Triumph.
»Sieg… Sieg… Sieg……!!!!!!« grölten und quietschten die großen und kleinen Monster. Nun hätten die Götter eigentlich mit Tjelfe und Roskva den Rückweg antreten und QUARK wieder mitnehmen müssen. Dem Verlierer gehörte QUARK. So war es abgemacht.
Aber da erhob sich der Donnergott und gebot Ruhe. Mit gesträubtem Bart wandte er sich an König Udgard: »Freßkämpfe sind keine würdigen Prüfungen für einen Gott!« herrschte er den Chef der Unterwelt an.
Roskva hatte gerade mit QUARK einen Freudentanz vollführt. Jetzt blieb sie erschrocken stehen. War denn der Streit um ihren lieben Kleinriesen noch immer nicht zu Ende?
König Udgard lächelte so falsch, daß sogar sein Bart zu glänzen begann:
»Versteh doch Spaß, verehrter Thor!« schmeichelte er. Dies ist ein Fest zu deinen Ehren! Da darf man doch wohl lustig sein!?« König Udgard beugte sich zu Roskva hinab: »Nun, Kleine?« heuchelte er launig. »Möchtest du nicht auch an einem Wettkampf teilnehmen?«
Roskva verschränkte die Arme über der Brust:
»Nein!« erwiderte sie abweisend. »Denn wenn ich gewin-

nen würde, müßte ich ja meinen QUARK hierlassen!«
»Schau an, schau an«, lachte König Udgard. Aber dann fiel sein Blick auf Tjelfe: »Du, tapferer Göttersohn, du wirst mich doch nicht enttäuschen?«
Ei, da war Tjelfe stolz. Vor allem wollte er dem Donnergott Thor imponieren. Und so ließ er sich verleiten, mit einem kleinen Zweibeiner ein Wettrennen durch sieben Höhlen zu machen. Zu seiner Verblüffung war sein Gegner ein blonder Junge, der ihm – bis auf die Eselsohren und den hämischen Blick – sonderbar bekannt vorkam. Im Laufe hängte er das Monsterkind ab, doch als er das Ziel erreichte, grinste ihm der eselsohrige Junge schon entgegen!
Tjelfe schloß die Augen und öffnete sie wieder: Husch, löste sich das Wesen auf.

»Das war ein Trick…«, murmelte Tjelfe vor sich hin. Der kleine Wettkämpfer hatte sogar eine gewisse Ähnlichkeit mit ihm gehabt… und es gab viele Spiegel in den Höhlen, Spiegel, Blendfeuer, Schattenspiele, Zaubersphären…

Tjelfe überlegte. Die Sache mit Flam, der Loki besiegt hatte, wollte ihm auch nicht gefallen. Dieser Flam hatte nicht nur Schinken, Würste und Bratenkeulen mitsamt den Knochen verschlungen, sondern den größten Teil des Holztrogs dazu!

Doch Tjelfe verscheuchte einen Argwohn, denn nun ließ sich der große Donnergott Thor höchstselbst zu einer Wette herbei. König Udgard hatte ihn aufgefordert, sein Trinkhorn in einem Zug zu leeren.

Das war schon eher nach Thors Geschmack! Das Mundstück hatte zwar den Durchmesser einer Tischplatte, doch Thor setzte es mühelos an die Lippen und trank und trank.

Die Riesen, Geister, Maxi- und Mini-Monster ließen ihre Augen in diebischer Freude erglühen. Wieder grinsten sich König Udgard und Hymer heimtückisch an, aber diesmal stand Tjelfe siegesgewiß lachend neben Thor: *Die* Wette würde sein geliebter Donnergott gewinnen! Jetzt würde er es dem Gesindel der Unterwelt beweisen, wer

der Allerstärkste der drei Reiche unter der Sonne war!
Tjelfe blickte um sich. Na, schrumpften sie nicht vor Wut und Enttäuschung zusammen – der großmäulige Udgard-König und sein hohler Hymer-Riese...???
Aber nein! Sie lachten! Sie hielten sich schon wieder die Bäuche und krümmten sich aufs neue.
»Schluck... Schluck... Schluck...«, trank Thor immer mühsamer. Kraftlos wurde sein mächtiger Hammer-Arm. Er konnte nicht mehr, so sehr er sich auch bemühte...
»Halt!« befahl König Udgard, vor Lachen brüllend. »Das schaffst du nie, edler Thor, hahahahohoho...« Und Hymer nahm dem verdutzten Donnergott das Trinkhorn ab und stellte es an die Höhlenwand.
Niederlage auf Niederlage... Tjelfe heulte fast vor Zorn. Und sein Argwohn kehrte zurück: Da stimmte etwas nicht! Die Riesen mogelten! Sie führten die Gäste aus WALHALLA fortwährend an der Nase herum! Sie gebrauchten Tricks...!!!
Heimlich näherte sich Tjelfe dem Trinkhorn. Aus dem Mundstück scholl ferne Meeresbrandung... Also hatten die Riesen das Gefäß durch einen unsichtbaren Schlauch mit Midgards Ozeanen verbunden! Kein Wunder, daß das selbst Thor zu viel geworden war! Die sieben Meere konnte auch kein Donnergott in einem Zuge aussaufen...

Schummel, alles Schummel!
Auch Loki war beim Wett-Essen übertölpelt worden!
Tjelfe schlich zu den Resten des Holztrogs, wischte mit dem Finger an den Kanten entlang. Was sah und roch er? Ruß! Spuren von Verbranntem...!!!
»Hihihihihihi...«, hörte er eine Geisterstimme über sich. Tjelfe blickte hoch:
In dem Feuertopf, der da an einem Balken hing und als Lampe diente, sah er die Fratze des sechsarmigen, sechsfüßigen Kobolds Flam mit seinen hundert Flammenzungen! Das war der Feuerteufel, der Loki besiegt hatte!
»Warte, du...!« Tjelfe reckte die Faust.
Schon aber war QUARK mit einem Eimer Wasser auf den Balken geklettert. Schwupp... QUARK überschüttete Flam mit einem tüchtigen Guß, so daß der Feuergeist halbwegs gelöscht aus seiner Lampe sprang und schreiend das Weite suchte. QUARK spuckte ihm noch hinterdrein, traf ihn gut und löschte ihn so weit, daß er nur als Kerzenflämmchen auf seinem nadeldünnen Hals davonhüpfen konnte.
»Das hast du gutgemacht, QUARK!« lobte Tjelfe.
»Hng, hng, hng!« lachte QUARK. »Hng, hng, hng...!«
Inzwischen hatten die Riesen den Donnergott Thor zu einer neuen Kraftprobe überredet.

»Ein Kampf mit meiner Hauskatze wäre doch ein großer Spaß, meinst du nicht?« grinste König Udgard.

»Ein Spaß – ja!« polterte Thor. »Ich werde deinem Schnurremurrchen den Schwanz ausreißen, danach setz' ich dir QUARK auf die Schulter und gehe mit Loki und den Kindern nach WALHALLA!«

Thor nahm die Katze und wirbelte sie lachend im Kreis herum, doch da riß sie das Maul auf, entblößte gebogene Drachenzähne und wand ihren länger, länger und immer länger werdenden Hals um Thors Brust.

Tjelfe stand wie angewurzelt, und Roskva schmiegte sich ängstlich an QUARK.

Was war denn das nun wieder...???
Thor spannte alle seine Muskeln an, doch das Mausekätzchen wurde nur noch größer und gräßlicher. Und statt zu miauen oder zu fauchen begann es zu brüllen.
Da erkannte Tjelfe die Midgard-Schlange, deren Vorderteil die Riesen durch ein Loch zwischen den Welten zu sich herabgezaubert hatten, damit sie den mächtigen Gott auf den Rücken legte. Die Spiegel in der Höhe zeigten Tjelfe deutlich, daß er sich nicht irrte.
Dennoch hätte Thor die Midgard-Schlange bezwungen, hätte König Udgard nicht plötzlich »Halt, halt, genug!« gerufen.
Schlangenkopf und Schlangenhals verschwanden, und König Udgards Hauskatze strich wieder friedlich um Thors Füße.
»Warum brichst du deine Späße ab, du Schurke?« herrschte Thor den Chef der Riesen und Monster an. »Schluß mit dem Quatsch! Gib mir einen ebenbürtigen Gegner, mit dem ich mich ehrlich messen kann, sonst gehen wir auf der Stelle, und du kannst dich mit QUARK herumärgern. Ich warne dich nun zum allerletzten Male...!!!«
»Nicht doch, nicht doch!« versuchte König Udgard zu beschwichtigen. »Du wirst deine Udgard-Freunde doch

nicht im Unfrieden verlassen wollen?! Mein hochgeschätzter Gast, mein werter Kollege! Mein Allerwertester!«

»Gib mir einen richtigen Gegner zum Zweikampf!« beharrte Thor.

»Sollst du haben, sollst du haben«, versicherte König Udgard mit schmierigem Lächeln. »Siehst du, da kommt sie schon!«

»Was heißt ›sie‹......??????« rief der Donnergott zornentbrannt. »Willst du mir etwa ein Weib zum Kampf aufschwatzen......??????«

»Ganz recht«, sagte König Udgard mit verschlagentreuherziger Miene. »Gönn der Dame das Vergnügen und tu mir den Gefallen. Es ist mein altes Mütterchen!«

Thor strich sich verdutzt den Bart und wußte nicht, was er erwidern sollte. Tjelfe aber ahnte nichts Gutes. Er lief zum Eingang, durch den König Udgards »Mütterchen« erwar-

tet wurde. Geleitet von Hymer und einem anderen Riesen kam die kleine Dame an ihm vorbei über den Vorhof. Sie war ein gütig blickendes Frauchen, schier hundertzwanzig Jahre alt – mit spitzer Nase und langen Fingernägeln. Tjelfe stand mit offenem Mund und geweiteten Augen. Plötzlich flatterten die beiden Raben über ihn hin. Sie krächzten:

»Tjelfe, Tjelfe, Tjelfen!
Du mußt dem Thor jetzt helfen...!!!«

»Ja...???« Tjelfe blickte aufgeregt in die Höhe.

»Die Frau ist nicht König Udgards Mütterchen...«, krächzten die Raben. »Es ist die Zeit! Die Zeit bringt Leid! Sag Thor Bescheid...!!!«

Tjelfe bemühte sich, zu verstehen, was die Raben meinten. Aber die schwarzen Vögel sprachen – wie meistens –

in Rätseln, und sie wiederholten ihr düsteres Gekrächz fortwährend:

»Die Zeit wird keiner bezwingen,
Sie kann den Stärksten niederringen...!!!«

»Der Zeit muß jeder unterliegen,
Sie kann der Stärkste nicht besiegen...!!!«

»Gegen die Zeit wird niemand bestehen,
Denn ihr kann keiner entgehen...!!!«

»Sagt etwas Genaueres!« schrie Tjelfe. Doch die Raben lachten nur. »Finde selber heraus, was wir meinen! Bist doch ein kluger Junge!« kicherten sie. Aber im Abfliegen warnten sie noch einmal laut:

»Verhüte den Streit...!!!
Die alte Frau ist die Zeit...!!!«

Da begriff der Junge endlich. Als seinem Vater die Haare ausgegangen waren, hatte die Mutter gesagt: »Da kann man nichts machen, das ist die Zeit! Sie schwächt dir eines Tages auch den Arm beim Holzhacken!«
Thor stand drinnen also nicht König Udgards liebem, altem Mütterchen gegenüber – sondern der grausamen,

König Udgards furchterregende Wächter öffneten den Wall für Thor, Loki, Roskva, Tjelfe und Quark.

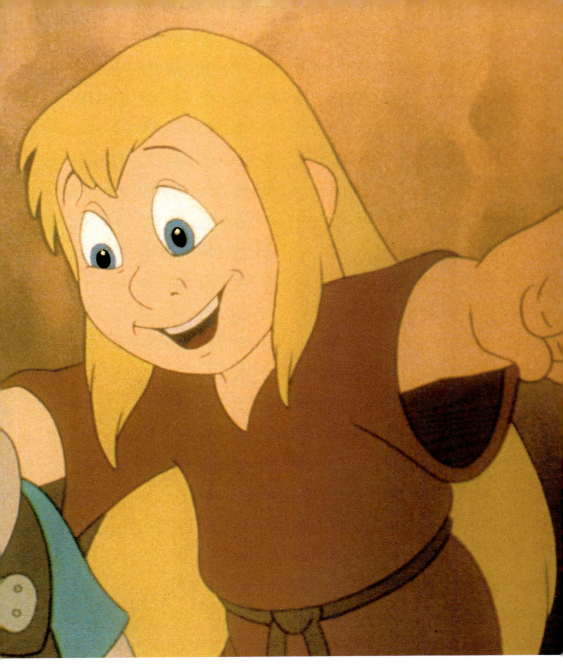

»Daß ich dich wiederhabe...!« jauchzte Roskva.
»Und du bleibst jetzt immer hier?«

gnadenlosen Zeit. Und das Ganze war kein Scherz! Die Zeit konnte den mächtigen Donnergott dahinraffen......!!!!!!«

»Thor!« schrie Tjelfe. Er rannte in den Gang zurück, in den düsteren Thronsaal hinein. »Thor, Vorsicht...!!! Nimm dich in acht...!!!«

Aber da schlossen sich die Riesen, Drachen und Monster zu einer Mauer zusammen und ließen den Jungen nicht durch. Seine Warnungsschreie gingen im Triumphgeheul der Udgardwesen unter.

Loki konnte nicht helfen. Vom Fressen ermattet, lag er über einer Tischplatte. Im Inneren des Kreises klammerte sich Roskva hilfesuchend an QUARK, als die kleine, alte Dame schmunzelnd Thors mächtige Hand ergriff.

»Was soll das bedeuten?« fragte das Mädchen den Zwergriesen. Doch QUARKS sonst so lustiges Gesicht war ernst und grau – und seine Eckzähnchen blitzten nicht mehr munter.

Nur Thor schien die Begegnung als harmlosen Scherz anzusehen.

»Ein artiges Tänzchen bin ich deinem Mütterchen wohl schuldig, König Udgard«, grinste er freundlich. »Zu Damen muß man höflich sein!« Und er drehte das Frauchen zur Musik der Luren lachend im Kreise.

Doch da packte sie zu – die Zeit. Sie preßte ihn an sich wie eine Strohpuppe, drückte alle Kraft aus ihm heraus und ließ ihn zu Boden sinken. Danach löste sie sich kichernd auf.

Auf der Erde aber lag – flach, weißbärtig, weißgesichtig, weißhändig das jämmerliche Abziehbild des einst mächtigsten Gottes nach Odin, dem König von WALHALLA, der Donnergott Thor. Seine Augen waren geschlossen, sein Atem war versiegt.

»Thor......!!!!!!« schrie Tjelfe.

Es war still im Thronsaal, aber noch immer wollten die Riesen den Jungen nicht durchlassen. Da riß er einem von ihnen den Knochelknüppel aus den Krallen und schlug sich wie ein Wilder den Weg frei.

»Thor......!!!!!!« Tjelfe warf sich schluchzend über den Reglosen, den Besiegten, der sein großes Vorbild gewesen war, und den er so geliebt und verehrt hatte. »Ich kann es nicht fassen!« weinte er. »Ich kann es nicht fassen!« Seine Tränen tropften auf den Körper am Boden. »Sind Götter nicht unsterblich......?« Und sein Tränenstrom nahm kein Ende.

Unter den Tränen Tjelfes begann sich Thors Körper sachte zu regen. Langsam wurde der Bart wieder rot, ebenso das Haar. Die Lebensfarbe kehrte zurück in das

bleiche Gesicht, die Muskeln strafften sich. Plötzlich rieb er sich die Augen, gähnte laut und setzte sich auf: Ganz wieder der gesunde, kräftige Thor, der wohl eben nur ein kleines Mittagsschläfchen gehalten hatte...
»Was war denn los...???« fragte er verwundert.
Nun brach ein Siegesgeheul unter den Udgardmonstern aus, wie es die Besucher bisher noch nicht gehört hatten. Roskva und Tjelfe mußten sich die Ohren zuhalten. Endlich kam König Udgard zu Worte. Höhnisch, hinterhältig, falsch-freundlich sagte er:
»Du hast den Kampf gegen mein Mütterchen verloren. Pech, edler Freund! Aber es ist deine Schuld, denn du wolltest mir ja nicht glauben, daß sie ein guter Gegner für dich wäre!«
»Hm...«, Thor kratzte sich am Kopf. Er sah sich ratlos nach Loki, Tjelfe, Roskva und QUARK um. »War es...«, schluckte er, »war es wirklich die... äh... kleine Dame, die mich... mich... hm... be-be-besiegt hat...???«
»Ja!« schnaufte Tjelfe.
Roskva und QUARK nickten.
Selbst Loki, der – noch immer krank vom Fressen – über der Tischplatte lag, machte eine schwache Bewegung, die als »Ja« zu deuten war.
»Dann muß ich es wohl glauben«, brummte Thor. »Also

gut, König Udgard. Man soll dem Donnergott nicht nachsagen, daß er unfair gewesen wäre. »Ich habe verloren, und ich gebe es hiermit feierlich zu!«
Da stand die ganze Unterwelt vor Freude kopf.
Thor aber setzte sich zu Loki an den Tisch und brütete finster vor sich hin. »Wie konnte das nur geschehen?« murmelte er. »Wie konnte das nur geschehen? Eine freundliche alte Dame hat mich, den mächtigen Donnergott, besiegt...« Und er stützte seine breite Stirn auf seine starken Fäuste...
»Musik...!!!« schrie König Udgard, einen Bierkrug schwenkend. »Musik und Tanz...!!!«
»Unser Sieg über WALHALLA muß gefeiert werden...!!!« brüllte der Riese Hymer. »Tummelt euch, Udgard-Brüder! Bewegt eure Füße, Krallen und Hufe! Dies ist ein großer Tag für Udgardland, denn nun sind wir die QUARK-Ratte los...!!!«
Die Kapelle machte einen abscheulichen Krach, die Ungeheuer schwangen einander in wildem Tanze und grölten im Takt:

»Thor, Thor, Thor verlor...!!!«
»Thor, Thor, Thor verlor...!!!«
»Thor, Thor, Thor verlor...!!!«

Auch Roskva lachte und jubelte, doch nicht, weil sie Thor die Niederlage gönnte oder König Udgard und den schmutzigen Hymer nett fand. Nein! Sie begriff nur, daß ihr lieber, kleiner Quark nun wieder mit ihnen gehen durfte. Und so nahm sie Quarks Hände und vollführte mit ihm einen Extra-Freudentanz. Dabei sang sie mit heller Stimme:

»Quark, Quark, Quark kommt mit...!!!«
»Quark, Quark, Quark kommt mit...!!!«
»Quark, Quark, Quark kommt mit...!!!«

Das Siegesfest war so wild – und es dauerte so lange, daß schließlich alle vor Müdigkeit umfielen und auf der Stelle einschliefen...

Am Morgen der Abreise saß Thor in übler Laune mit Loki und Tjelfe am Frühstückstisch in Udgards Gasthöhle, während Roskva und Quark im Felsengang »Fangen« spielten.
Loki wies mit angeekeltem Gesicht den Schinken zurück, den ihm ein Udgard-Kellner servierte. Ihm war noch schlecht vom Wettfressen am Vortage.
Auch Thor hatte keinen Hunger. Er dachte nur an seine erbärmliche Niederlage. »Oh, Schande, Schande,

Schande...!!!« stöhnte er. »Ich, der mächtige Donnergott, habe gegen diese Udgard-Kröten verloren...!!! Oh, Schande, Schande, Schande...!!!«
»Jä, jä, jähhh...«, seufzte Loki kläglich. »Verloren haben wir. Verloren...«
Da legte Tjelfe sein Schinkenstück hin, an dem er lustlos geknabbert hatte. Mit fester Stimme sagte er:
»Niemand von uns hat verloren! Die Monster haben uns nur reingelegt, das ist alles. Es waren Tricks!«
»Es waren Tricks«, erklärte Loki, an Thor gewandt.
»Ich habe es rausgekriegt!« sagte Tjelfe.
»Ich habe es rausgekriegt!« wiederholte Loki, als sei er der gewitzte Beobachter gewesen – und nicht Tjelfe.
»Lokis Gegner war eine Flamme!« fuhr Tjelfe fort. »Der Junge, mit dem ich um die Wette lief, war ein Spiegelzauber, in König Udgards Trinkhorn flossen die sieben Meere hinein, und Thor hat nicht mit einem Kätzchen gerungen, sondern mit der Midgard-Schlange!«

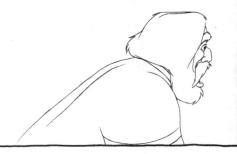

»Midgard-Schlange«, echote Loki. »Halt die Luft an, dummer Bengel. Das weiß ich längst. Ich wollte es Thor gerade erzählen!«
Der Donnergott horchte auf:
»Ihr meint, die Riesen hätten uns gefoppt, geneckt, genarrt und lächerlich gemacht......???«
»Das sage ich doch!« rief Loki, sich Tjelfes Wissen zu eigen machend.
»Aber die Frau...«, murmelte Thor. »König Udgards Mütterchen... Alles, was recht ist: Eine sehr, sehr starke Dame, und sie hat mich in ehrlichem Kampf besiegt.«
Darauf wußte der listige Loki keine Antwort. Doch Tjelfe sagte:
»Das war der gemeinste Trick! Die Riesen haben die Zeit eingeladen – und gegen die Zeit kommt keiner an. Sogar die unsterblichen Götter kann sie ein bißchen schwach machen, wenn auch nicht für lange, wie wir sehen...«
»Danke, Junge! Danke...!!!« Der Donnergott atmete rasselnd auf, er hob den Kopf und ließ die Augen blitzen. »Das hätte mir selber einfallen müssen! Natürlich, es war die Zeit, nicht König Udgards Mütterchen. So eine Gemeinheit von diesem Udgard-Schuft, mich an der Nase herumzuführen.«
Er schoß ein paar Augenblitze auf Loki ab:

»Was machen wir jetzt, du Schlaukopf? Ich habe feierlich anerkannt, daß ich verloren habe! Als Betrüger waren uns die Unterweltler jedenfalls über! Jetzt dürfen wir uns als Gefoppte mit QUARK aus dem Staube machen!«
Loki rieb sich den Meckerbart. Sein Blick fiel auf einen Hahn und ein paar Hühner, die auf dem Höhlenboden herumpickten. Plötzlich überzog ein öliges Lächeln sein ganzes Gesicht.
»Nun...???« fragte Thor ungeduldig.
»Wir setzen List gegen List!« kicherte Loki. »Laß uns erst einmal außerhalb des Walles sein!« Er flüsterte Thor etwas zu, worauf der Donnergott breit grinste und sich rasch erhob.
»Kinder...!!!« rief er. »Wir müssen gehen! Unser Weg ist weit, und in WALHALLA warten meine Frau und die Zwillinge!«
Ohne Abschied von König Udgard und Hymer wanderten sie über den Vorhof, durch das Portal des Dreckwalls, so, wie sie gekommen waren: Thor und Loki voran, hinter ihnen Tjelfe, Roskva und – QUARK.
Ja, auch QUARK, denn der war ja die Last des Verlierers, und die hatte ihnen der heimtückische König Udgard mit seinen Tricks und Zauberspiegeleien aufgebrummt.
Thor und Gefolge waren noch nicht weit, als sich die

Riesen über den Wall lehnten, um ihrem Abmarsch höhnend zuzusehen.

»Haaaaaa, haaaaaa, haaaaaa...!!!« lachte der dreckige Hymer, daß ihm die Lachtränen wie Schmutzwasser über die verkrusteten Wangen rannen. »Da geht er hin, der QUARK, eure WALHALLA-Verliererbeute......!!!!!!«

Und König Udgard schrie, mit dem ganzen Leibe wakkelnd:

»Welch herrlicher Morgen, ihr Götter! Einfach quarkig, nicht wahr? Besucht uns bald einmal wieder zu einem kleinen Wettkampf! Aber ohne den QUARK-Molch......!!!!!!«

»Gern, gern!« dröhnte Thor munter zurück, wobei er Loki in die Rippen stieß.

Da packte Loki QUARK, hob ihn hoch, zog ihm den Hals lang – und verwandelte ihn in einen Hahn!

»Hng, hng, hng...!« machte QUARK verdutzt. Aber aus dem nächsten »Hng« wurde schon ein »Kikerikiii...«

Loki schwang den Hahn in die Luft. Er landete neben König Udgard und dem Riesen Hymer, flatterte heftig mit den Flügeln und schrie immerfort: »Kikerikiii...!!!«

»Da habt ihr, was euch gehört!« rief Thor mit Donnerstimme. »List gegen List! Wer zuletzt quarkt, quarkt am besten!«

Vor den Augen der verblüfften Riesen verwandelte sich der Hahn auf dem Wall zurück in den leibhaftigen Quark, den sie doch hatten loswerden wollen.
»Mein Zauber hält leider nie lange vor«, murmelte Loki, sonst hätten sie's erst viel später bemerkt.
»Macht nichts«, grollte Thor. Warnend donnerte er König Udgard, dem Riesen Hymer und den übrigen Monstern zu: »Wagt es nicht, uns Quark hinterherzuwerfen! Sonst hole ich meinen Hammer und mache Hackfleisch aus euch!«
»Quark...!!!« schrie Roskva verzweifelt, als sie begriff, was da geschehen war. »Quark...!!! Spring da runter und folge uns...!!!«
Doch Quark wußte nur zu gut, daß er Lokis Schutz verloren hatte, daß Thors Frau ihn nicht mochte und daß des Götterkönigs Rausschmeißer Rolf ihn in Walhalla mit einem Fußtritt empfangen würde.
So blieb Quark wohl oder übel auf dem Wall von Udgardland stehen und blickte Roskva nach. Sein stämmiges Händchen winkte. Und aus seinen Quark-Augen rannen Quark-Tränen auf seine Quark-Zähnchen...

Daheim in Walhalla rühmten Thor und Loki ihre Taten. Von Frau Sif bewirtet, von Tjelfe und Roskva bedient,

genossen sie besseres Essen als bei den Monstern. Und Loki hatte wieder tüchtigen Hunger. Am dritten Tage, nach dem Mittagsmahl, sagte der Donnergott:
»Der eigentliche Preis gebührt Tjelfe, der in Udgard die Augen und Ohren offenhielt. Hier mein Junge, nimm deinen Lohn aus meiner Hand!« Und er reichte Tjelfe einen Gegenstand in einem feinen, roten Tuch. Tjelfe wickelte ihn aus und stand vor Staunen starr:
Ein silberblankes, edelsteinbesetztes, kleines Zierschwert mit einem Bernsteingriff... So etwas Wunderbares hatte er noch nie gesehen......!!!!!!
»Ist... das... meins...???« stammelte er.
»Ja!« brummte der Donnergott friedlich. »Wenn du wieder bei deinen Eltern bist, soll es dich an mich erinnern! Häng es an die Wand und spiegle darin deine kluge Nase!«

»Danke...!!!« jubelte Tjelfe. »Danke...!!! Ein Geschenk von Thor, dem Donnergott... ihr Götter! Das war immer schon mein Wunsch...«

Während Tjelfe noch jubelte und voller Glück im Eßraum herumsprang, schlich Roskva traurig hinaus. Sie verließ die Burg und wanderte in den Wald. Sie fand die Steine, auf denen QUARK einst Reisig für ein Feuer geschichtet hatte, sie sah die Bienen, die Blumen, die Wiese. Und sie sah die herrliche große Linde, in deren Geäst das Baumhaus gewesen war.

Doch sie sah keine Trümmer!

In Erinnerung versunken, den Tränen nahe, blickte sie hoch. Narrte sie ein Spuk? Droben in den Zweigen, so unversehrt wie eh und je... stand das Baumhaus. Und es war nicht leer und verlassen!

Ein breiter Kopf mit Kulleraugen, pechschwarzem Kurzhaar und einem Grinsemäulchen mit blitzenden Eckzähnchen spähte aus dem Fenster des Baumhauses ...
»Quark ......!!!!!!« schrie Roskva beseligt.
»Hng, hng, hng!« lachte ihr kleiner Freund vergnügt.
Er warf Roskva die Strickleiter herunter, doch als sie hochklettern wollte, kam er ihr schon entgegengesaust, und sie purzelten beide ins Gras.
»Daß ich dich wiederhabe...!« jauchzte Roskva. Und sie gab ihm einen Kuß. Danach hopsten sie umher und suchten süße Waldbeeren, die sie sich gegenseitig schenkten.
»Du bleibst jetzt immer hier?« fragte Roskva.
»Hng, hng, hng!« nickte Quark eifrig.
Roskva strahlte.
Dann werde ich dich so oft besuchen, wie ich kann. Und wenn Tjelfe und ich wieder zu den Eltern gehen, kommst du mit!«
Wieder nickte Quark.

»So, und jetzt koche ich dir im Baumhaus eine Blaubeersuppe, damit du was Warmes in den Magen kriegst!« entschied Roskva.
QUARK klatschte in die Hände und leckte sich sein Mäulchen von einem Ohr zum anderen.

»Hng, hng, hng...!!!!!!« rief er begeistert.

Und die Raben flatterten über die große Linde hin und krächzten überrascht:

>»In den grünen Baumhaus-Höhen –
> Welch ein frohes Wiedersehen.....
> Krah, krah, QUARK, QUARK....«

© 1987 Lentz Verlag in F. A. Herbig Verlagsbuchhandlung GmbH
© 1987 Swan Film Production
Lizenz durch EL EURO-Lizenzen, Neuhauserstr. 3, D-8000 München 2
© 1987 Text und Gestaltung Lentz Verlag in F. A. Herbig Verlagsbuchhandlung GmbH
Satz: Uhl + Massopust, Aalen
Gesetzt aus der Sabon 14/16 p, Lino System 4
Gesamtherstellung: Mohndruck Graphische Betriebe GmbH, Gütersloh
Printed in Germany 1987
ISBN 3-88010-156-6

Die Hauptpersonen der Geschichte

THOR: Der Gott des Donners. Sein Mut und seine Kraft sind unbesiegt, sein Hammer vollbringt Wunder. Mächtig, mitunter aufbrausend, aber immer auf der Seite der Schwachen. Wehe, wenn er grollt ...

LOKI: Thors Begleiter. Listig und schlau— ein Zauberer. Halb Riese, halb Gott steht er auf der Seite Asgards (allerdings nur, wenn es darauf ankommt). Ohne ihn gäbe es weniger Abenteuer in **WALHALLA** und weniger zu lachen.

TJELFE: Der heldenhafte Junge. Am Anfang ein Bauernsohn, der alles dafür geben würde, an Thors Seite zu kämpfen. Nach vielen bestandenen Abenteuern ein junger Krieger und Begleiter des Donnergottes.

ROSKVA: Das Mädchen mit dem mutigen Herzen. Sie weiß, was sie will und noch mehr, was sie nicht will; eine abenteuerlustige, freimütige Freundin, ganz dem koboldhaften Charme von Quark verfallen.